PERMETTEZ-MOI DE VOUS DIRE...

Au docteur Raymond Rivest
un excellent médecin qui
s'est beaucoup impliqué
dans les affaires de sa profession
et lui a toujours fait honneur.

Augustin Roy

5 novembre 2003

Docteur Augustin Roy

PERMETTEZ-MOI DE VOUS DIRE...

ÉDITIONS DU MÉRIDIEN

L'éditeur remercie la SODEC et le PADIÉ pour leur appui à son programme de publication.

Données de calatalogage avant impression (Canada)
Roy, Augustin
      Permettez-moi de vous dire...
      ISBN 2-89415-287-6
      1. Santé, Service de - Québec - (Province)
      2. Santé, Service de - Réforme - Québec - (Province)
      3. Santé, Services de - Impartition - Québec (Province)
      4. Soins Médicaux Québec (Province) 1. Titre
RA 450.Q8R688 2003   362.1'09714   C2003-940262-2

Éditeur : François Martin
Révision : Geneviève Breuleux
Mise en page : Éditions du Méridien
Conception de la page couverture : Sérifsansérif
Photo de la page couverture : Paul Labelle

Éditions du Méridien
1980, rue Sherbrooke Ouest, bureau 540, Montréal (Québec) H3H 1E8.
Téléphone : (514) 935-0464 - Télécopieur : (514) 935-0458
Courriel : info@editionsdumeridien.com
Site web : www.editionsdumeridien.com

Distribution :
Canada : Librairies : Novalis.
        Grandes surfaces : Socadis
France : Librairie du Québec à Paris

ISBN 2-89415-287-6

© Éditions du Méridien
Dépôt légal: 1er trimestre 2003
Bibliothèque nationale du Québec
Bibliothèque nationale du Canada
Imprimé au Canada

À tous les valeureux médecins
que j'ai cotoyés durant ma carrière
et à leurs familles témoins de leur
dévouement et de leur abnégation.

À mes prédécesseurs retraités ou décédés
qui m'ont servi de modèles et envers qui je
suis demeuré éternellement reconnaissant.

Aux futurs médecins.
Puissent-ils se souvenir des valeurs de leurs aînés.

À tous ceux qui m'ont appuyé
au cours de mes 40 années au service
de la médecine et des malades.

À l'équipe extraordinaire qui m'a entouré
au Collège des médecins, pendant la moitié de ma vie.

À ma famille, sans laquelle
je n'aurais pu réalisé mes rêves de jeunesse.

Mes premières armes en médecine

Autres temps, autres mœurs.
Proverbe

Mes premières armes en médecine furent bien différentes de ce que nos finissants connaissent aujourd'hui. Né à East Broughton, en Beauce, études au Séminaire de Québec et à l'Université Laval, je me suis retrouvé à Notre-Dame-du-Nord dans le Témiscamingue parce qu'à l'époque, le médecin devait s'établir là où on avait besoin de lui. Une population d'environ 3 000 habitants correspondait au minimum requis pour faire vivre un médecin. Peu d'omnipraticiens commençaient leur carrière dans une grande ville où il y avait déjà plusieurs médecins avec une clientèle établie, à moins d'accepter de vivoter quelques années. La pratique en région était d'ailleurs plus palpitante et plus diversifiée. Plus difficile aussi à cause de l'isolement et de l'obligation d'être toujours prêt à répondre à un appel et à faire face aux problèmes les plus inimaginables. Exigeante, mais combien gratifiante! Mais comment ai-je pu aboutir si loin de chez moi?

Je venais de commencer une spécialité en obstétrique-gynécologie. Mon salaire : 50,00 $ par mois! Pauvre, mais sans dette, je voulais me marier. Allais-je être capable d'endurer ce régime pendant cinq ans, sans même être sûr d'obtenir un poste dans un hôpital de mon choix après ma spécialisation ? À moins de courtiser les patrons et patronnes de l'hôpital, ce qui n'était définitivement pas mon genre. C'est alors qu'au hasard d'une marche, au début octobre 1954, je rencontrai le docteur Armand Laberge, sous-ministre adjoint au ministère de la santé. Après s'être informé de mes études, je lui fis part de mes états d'âme. *«J'ai quelque chose pour vous.»* me répondit-il. *«Un médecin du Témiscamingue vient de partir se spécialiser à Québec, on cherche un remplaçant. Ce serait un bon endroit pour vous.* » En un temps, deux mouvements, il m'organisa une rencontre avec les autorités de la place.

C'est ainsi que le vendredi de la même semaine, après avoir complété ma journée de travail à l'hôpital Jefferey Hale de Québec et au camp militaire de Valcartier, puisque j'étais dans l'armée de réserve, nous avons pris la route, mon frère et moi, pour le Témiscamingue. Nous avons roulé toute la nuit, en conduisant à tour de rôle.

Au lever du jour, arrivée à New Liskeard à la frontière Ontario-Québec. Arrêt chez le barbier. Quelques minutes plus tard, nous étions à Notre-Dame-du-Nord située à l'extrémité nord du grand lac Témiscamingue. L'accueil fut des plus chaleureux. Petit-déjeuner chez le Dr Alfred Langlois, médecin de l'unité sanitaire de la région et ami du Dr Laberge. Puis, selon la coutume, visite au presbytère pour rencontrer le curé et les marguilliers, suivi d'un arrêt chez monsieur le maire, et ensuite chez le gérant de la Caisse Populaire, avant de partir pour Ville-Marie où se trouvait le seul hôpital du coin. À mi-chemin, le Dr Langlois s'arrêta à St-Bruno-de-Guigues pour nous présenter le notaire. Quelle ne fut pas ma surprise de voir apparaître à la porte Philibert Guay, un de mes confrères de classe au Séminaire de Québec et originaire de la région de Bellechasse. Spontanément, son épouse et lui organisèrent une fête le soir même avec tous les notables de la région. Comment résister à une telle ambiance ? La visite s'est terminée à Ville-Marie, la plus grande agglomération du Témiscamingue où les religieuses, propriétaires de l'hôpital, nous reçurent en grande pompe et m'offrirent sur-le-champ un poste chez elles.

La réponse du conseil des médecins, dentistes et pharmaciens ainsi que du Conseil d'administration n'a pas pris trois mois! D'ores et déjà, on me souhaitait la bienvenue. Il devenait de plus en plus difficile de refuser ce poste tellement la réception était cordiale et sincère. À l'époque, il existait encore ce qui était appelé des *colonies* habitées par des personnes dont l'installation avait été subventionnée par le gouvernement. Le Dr Langlois était autorisé à m'offrir le poste de médecin de la colonie de Rémigny, sise à plus de 30 kilomètres au nord-est de

Notre-Dame-du-Nord. Il me confia aussi la responsabilité médicale des réserves amérindiennes algonquines de Notre-Dame-du-Nord et de Winneway.

L'ensemble de ces tâches me garantissait un revenu de 250,00 $ par mois. Je me sentais comblé. Au moins, j'étais assuré de ne pas crever de faim!

Il y avait déjà quatre médecins dans la région. C'était le bon temps de la vraie médecine libérale, et non de la médecine bureaucratique et étatique d'aujourd'hui. Les médecins étaient de fiers compétiteurs, souvent féroces, qui ne travaillaient que pour leurs patients. Certes, il y avait des alliances. Au Témiscamingue d'alors, les 4 médecins formaient deux groupes de deux : les plus âgés et les plus jeunes. J'ai eu immédiatement plus d'affinités avec les plus jeunes, mais je fus aussi très bien accueilli par les plus vieux, dont l'un était originaire de la Beauce et avait bien connu mon père. Je joignis le groupe des jeunes qui m'offraient de faire de l'assistance opératoire pour eux et de veiller sur mes patients hospitalisés, puisque Notre-Dame-du-Nord était située à plus de 30 kilomètres. Je quittai Ville-Marie dans l'après-midi avec ma nomination de l'hôpital en poche. Puis, retour à Notre-Dame-du-Nord, location du bureau de l'ancien médecin et achat de son équipement, incluant forceps et pinces pour extractions dentaires. On me prévint que je devais faire la très grande majorité des accouchements à domicile, tenir la pharmacie et être dentiste. Le seul dentiste de la région n'était pas très disponible. De plus, il chargeait une piastre la dent arrachée, ce que les gens n'étaient pas prêts à payer. Ironie du sort, en arrivant au Témiscamingue, par une soirée pluvieuse de fin octobre, mon premier patient m'attendait déjà depuis plusieurs heures pour se faire extraire une dent. Ce fut mon premier honoraire professionnel : 50 cents!

Tout médecin de campagne devait aussi dispenser des médicaments. Cela présentait d'immenses avantages tant pour les patients que pour le médecin. Les médicaments coûtaient beaucoup moins cher que dans une pharmacie traditionnelle et permettaient au médecin d'être payé car ils étaient généralement inclus dans le prix de la consultation.

Le fait que le médecin présente lui-même à son patient le médicament qu'il lui avait préparé avait aussi de grandes vertus thérapeutiques pour le patient. Les médecins de l'époque étaient aussi de fins psychologues. J'ai toujours pensé que l'approche du malade faisait partie intégrante de la thérapie.

Le lendemain de mon retour à Québec fut pénible. Je devais annoncer ma décision. Plusieurs étaient très désappointés et ont tenté de me faire changer d'idée. Peine perdue. Je fis annuler mon contrat avec le Jefferey Hale qui m'avait toujours bien traité. J'y laissais beaucoup d'amis chez les médecins et tout le personnel. Je résiliai aussi mon contrat de résidence au Toronto General Hospital qui m'avait accepté pour suivre, à partir de juillet 1955, un cours prestigieux et hautement sélectif, le Gallie Course. Ceux qui m'avaient pistonné étaient très déçus. C'est le moins que je puisse dire. Je mis aussi fin à mon travail à Valcartier. Puis, je me rendis à la pharmacie Livernois où j'ai acheté, à crédit bien sûr, pour 700,00 $ de médicaments.

Étape suivante : le garage, pour négocier l'achat d'une voiture neuve, à crédit évidemment. C'était une condition sine qua non de la réussite. Il fallait bien paraître pour impressionner favorablement la future clientèle. De toute façon, l'auto que je possédais depuis deux ans datait de 1942 et ne répondait plus à mes nouveaux besoins. Je pris ensuite rendez-vous avec le dentiste, Marcel Langlois, qui m'invita à l'accompagner à l'hôpital Saint-Michel-Archange, maintenant Robert-Giffard. Pendant une semaine, il m'initia à l'art dentaire et me montra comment extraire une dent, ce qui n'est pas aussi simple que l'on pense. Il m'enseigna l'anesthésie dentaire et l'utilisation appropriée de chaque pince. Avec son aide, je me fis un dessin illustrant quelle pince allait avec quelle dent, en haut et en bas. Je ne tardai pas à réaliser l'utilité de cette formation. J'ai eu à exercer mes nouvelles habiletés plusieurs centaines de fois, heureusement sans jamais une complication.

Soucieux de savoir comment me comporter avec un patient, je me rendis ensuite saluer mon médecin de famille, le Dr Valère Groleau d'East-Broughton que j'avais en haute estime. Il m'encouragea, me fournit des informations sur l'organisation d'un bureau et avant de partir, me prodigua un dernier conseil : «*Mon cher Augustin, tu dois connaître la psychologie des patients. S'ils viennent te consulter, c'est parce qu'ils croient avoir un problème et ne se sentent pas bien. Même si tu ne trouves aucune maladie organique, tu dois leur donner un remède pour les soulager ou les guérir. C'est pour ça qu'ils sont venus te voir.*» Frais émoulu de l'université, encore bien naïf et d'une pureté d'esprit à toute épreuve, je fus estomaqué par ses propos. «*Dr Groleau*, lui dis-je, *si le patient n'a que des problèmes psychosomatiques et pas de vraies maladies, dois-je vraiment lui donner des pilules?*» Sa réponse fut brève: «*Oui mon cher!*» Sur le coup, je fus décontenancé. Dès les débuts de ma pratique, je devais réaliser la pertinence de son conseil.

Un jour, une dame vivant seule vint me consulter. Elle se plaignait de vagues malaises, en somme de ne pas se sentir bien. Le rendez-vous a bien duré une heure. J'avais du temps et ne voulais pas me tromper. L'examen physique était négatif. Elle souffrait d'angoisse et d'ennui. Me rappelant les conseils du Dr Groleau, je lui donnai une bouteille de tonique et la retournai chez elle. Charitable, je lui fis crédit. Je n'aurais pas dû. Si je lui avais demandé de payer, elle ne serait probablement pas revenue, car l'argent influence les comportements. Le même manège se répéta trois à quatre fois. Mêmes questions, mêmes réponses et même examen négatif. Après le tonique, j'avais ajouté des pilules, des *Neurotrasentine* faibles suivies de *Névrodénal* de couleurs différentes, des placebos bien connus à l'époque et dont les médecins de ma génération vont certainement se souvenir. Ils avaient l'avantage de n'avoir aucun effet secondaire parce qu'ils ne contenaient à peu près rien et ne présentaient aucun danger pour les patients. L'important, c'était la confiance envers le médecin dispensateur. C'était les produits homéopathiques d'alors.

Après ces quelques visites, cette dame me devait une trentaine de dollars tout inclus. Devant rembourser mes médicaments, je me résignai à lui demander un acompte, en ajoutant, erreur suprême, qu'elle n'était pas malade et n'avait plus besoin de médicaments. Ce qu'il lui fallait, c'était de la distraction soit par la lecture, les cartes, la marche ou la télévision qui en était à ses débuts. Surprise et certainement désappointée, elle me remit cinq dollars. Je ne l'ai jamais revue. Mais sitôt sortie de mon bureau, elle se rendit au restaurant du coin pour déclarer tout haut : *«On n'est pas gréyé en fait de nouveau docteur! Il vient de me dire que je ne suis pas malade et que je n'ai pas besoin de pilules.»* Quand je me suis rendu à mon tour au restaurant pour le souper, le propriétaire de l'établissement me fit signe de venir le voir. Il me fit part des propos de la dame en me demandant ce que je lui avais fait pour m'attirer ses foudres. J'ai immédiatement pensé au bon docteur Groleau. Il avait totalement raison. Jamais plus un patient n'allait sortir de mon bureau sans une béquille quelconque. Des cas semblables, j'en ai vus bien d'autres. Je vous fais grâce de tous les trucs utilisés pour obtenir une guérison. Mais, je vous jure que ça marchait. Et le Collège des Médecins ne posait pas de questions!

En plus d'être dentiste et pharmacien, le médecin d'alors devait être un bon obstétricien. Sa réputation tenait au résultat de son premier accouchement, généralement à domicile. Si tout s'était bien déroulé, selon les perceptions de l'entourage, la nouvelle se répandait vite et le nouveau médecin jouissait déjà d'un préjugé favorable. Sinon, il devait souvent faire ses valises ou endurer très longtemps la méfiance de la population. Le médecin accoucheur devait toujours avoir le contrôle des évènements, dans des situations souvent compliquées. Ce n'était pas de tout repos. La pensée des sages-femmes voulant faire des accouchements à domicile m'a toujours fait frémir. Pas impossible, mais avec quels risques et à quel prix ? À mon avis, l'hôpital est la seule place où devraient exercer des sages-femmes qualifiées.

À l'été 1955, alors que j'étais bien installé au Témiscamingue et pensais y rester longtemps, j'eus une offre exceptionnelle qu'il m'a été impossible de refuser. La compagnie Iron Ore du Canada venait de commencer l'exploitation de ses mines de fer à Schefferville alors appelée Knob Lake. On m'offrait mille dollars par mois pour être le médecin de la compagnie, en plus du droit de traiter privément toute la population civile. On mettait à ma disposition un petit hôpital de 10 lits et du bon personnel. J'ai eu immédiatement le goût de relever ce nouveau défi, dans un endroit isolé, mais bien organisé. Trois semaines plus tard, j'étais rendu à l'autre bout de la province en même temps, par pur hasard, que mon deuxième frère, nouveau médecin. Il venait d'être embauché par une compagnie qui construisait des radars dans le Nord (Mid Canada Line). Là aussi, j'étais médecin, obstétricien, je devais tenir pharmacie et agir en tant que dentiste et… chirurgien. Pour bien remplir sa tâche, il fallait être débrouillard, pouvoir décider vite et ne pas être peureux. Et aussi, ne pas compter ses heures de travail. C'était vraiment valorisant. Si je pouvais recommencer ma vie, je suivrais le même cheminement.

En région éloignée, le médecin généraliste devait ajouter à sa liste de compétences, celle de chirurgien. Je réparais des fractures simples, des sections de tendons et enlevais des kystes de toutes sortes, même des kystes pilonidaux. Des amygdalectomies et adénoïdectomies étaient pratiquées occasionnellement. Comme je n'utilisais que l'éther, et le vinethene pour les enfants, comme substances anesthésiques, parce que je craignais le chloroforme, il fallait faire vite et bien. Heureusement, j'avais un vrai tempérament de chirurgien, comme je désirais le devenir.

Un jour, mes capacités en cette matière furent vraiment mises à l'épreuve. C'était un samedi d'hiver. Grosse tempête de neige, on ne voyait ni ciel ni terre. Je m'en souviens comme si c'était hier. Un jeune travailleur de la mine, un Italien, se présente à l'hôpital avec des douleurs abdominales atroces. Examen immédiat, tests de laboratoire, radiographie, c'était bien une crise aiguë d'appendicite, mais pas de péritonite. Une intervention chirurgicale immédiate s'imposait. Le pauvre gars hurlait. Après avoir atténué ses douleurs, j'entrepris des démarches de transfert vers Sept-Îles. Impossible, aucun avion n'était disponible à cause du mauvais temps. Que faire ? Je n'avais pas le choix. Il fallait opérer.

Comment procéder ? Moi qui n'avais assisté qu'à quelques appendicectomies pendant mon internat et n'avais comme référence que mon «*Manual of Operative Procedures*», guide décrivant les étapes à suivre lors des opérations les plus courantes. Il me fallait absolument l'aide d'un chirurgien. Je pensai au Dr Gustave Auger, un de mes anciens professeurs de l'Hôtel-Dieu de Québec. Je le savais dévoué et disponible.

13

Quelle chance que de le rejoindre à sa résidence! Il me prodigua tous les conseils d'usage et me promit de rester près du téléphone. Ainsi préparé, avec l'aide de mon frère qui procédait à l'anesthésie à l'éther, et tout le personnel de l'hôpital à mes côtés, je commençai l'opération. Petit problème : je ne trouvais pas l'appendice! Mon frère s'impatientait et m'incitait à mettre immédiatement un terme à l'opération. J'ai alors décidé de rappeler le docteur Auger pour obtenir son avis. Son diagnostic fut clair: «c'est très certainement un appendice rétro-coecal, va voir à tel endroit. Rappelle-moi si tu éprouves encore des difficultés». J'ai suivi ses conseils à lettre. Il avait raison. J'ai poursuivi l'opération sans autre problème. Quel soulagement et quelle satisfaction! Ai-je été, sans le savoir, un pionnier de la télémédecine? Ma reconnaissance envers le docteur Auger est demeurée éternelle. Le samedi suivant, le patient est sorti de l'hôpital complètement rétabli. C'était évidemment avant l'ère du virage ambulatoire. Quelques jours plus tard, il est venu me porter une bouteille de cognac pour exprimer sa reconnaissance. C'est comme cela que ça se passait autrefois.

Le médecin de famille de l'époque était en service 24 heures par jour pratiquement 365 jours par année. Il connaissait ses patients par cœur et n'avait pas besoin de dossiers informatisés. Il travaillait pour ses malades qu'il aimait et qui lui vouaient une grande reconnaissance. En 4 ans de médecine active, je ne me suis offert que trois semaines de vacances qui ont été bien difficiles à organiser et m'ont coûté très cher. Je devais me trouver un remplaçant et le payer de ma poche; pas mal différent de ce qui se passe aujourd'hui. Les médecins actuels réalisent-ils à quel point ils sont privilégiés ? Il y a 50 ans, les longues vacances, les avantages sociaux et les congés de toutes sortes étaient inconcevables. Mes prédécesseurs doivent se retourner dans leur tombe. À l'époque, la médecine, c'était une vocation et non un job de fonctionnaire. Cette ère est terminée depuis que la gestion de la santé est entre les mains de l'État.

D'autres défis m'attendaient. Désirant me ressourcer, en septembre 1958, je suis retourné sur les bancs de l'Université, cette fois à Montréal, pour me spécialiser d'abord en hygiène publique, puis en administration de la santé. Entre ces deux programmes d'études, j'ai travaillé un an à l'unité sanitaire des comtés de Saint-Hyacinthe et de Rouville. Des vaccins, j'en ai administrés des milliers.

L'émergence proche d'un nouveau système de santé commençait à attirer mon attention. Une occasion en or d'améliorer mes connaissances se présenta à l'été 1961. L'Entraide universitaire mondiale dont faisaient partie toutes les universités canadiennes organisait un symposium de six semaines en Suède sous le thème général de la Sécurité sociale. C'est l'ancien ministre Jacques-Yvan Morin qui interviewait les candidats. Ce fut un honneur pour moi d'être choisi pour faire partie de la délégation de l'Université de Montréal avec quelques autres étudiants fort intéressants. J'eus le privilège d'étudier en profondeur le fonctionnement du système de santé suédois. Nonobstant ce qui est souvent véhiculé, il y a en Suède des tickets modérateurs et un système médical privé parallèle au système public. Il fonctionne bien, mais on n'en parle jamais. Ce séjour d'études en Suède me fut très bénéfique.

En 1962, mon premier emploi en administration de la santé fut celui de directeur adjoint des services professionnels au nouvel Hôpital Saint-Luc de Montréal, alors sous la gouverne du Dr Jean-Paul Laplante, ex-colonel des Forces armées canadiennes. Tous le craignaient à tort. Il était ferme, mais juste. Ayant moi-même suivi une formation militaire et appris à respecter l'autorité avec franchise, honnêteté et sans *à-plat-ventrisme*, je me suis toujours bien entendu avec lui. Les décisions étaient rapides et devaient être exécutées. Les réunions de comités ne s'éternisaient pas. J'appris beaucoup en peu de temps. À l'époque, les directeurs dirigeaient, aujourd'hui ils gèrent! Quoi et comment au juste ? Quelle différence!

Le contact avec les patients me manquait et je songeais sérieusement à retourner en pratique privée que j'avais adorée. Mais à la fin février 1963, un événement allait changer le cours de ma vie. Le Dr Gérald Lasalle, mon ancien directeur en administration de la santé, devenu le nouveau secrétaire général du Collège des médecins du Québec, qu'on nommait alors registraire, m'appela un matin pour m'inviter à le rencontrer à son bureau. Le Québec était en pleine effervescence. Tout changeait rapidement y compris le Collège. Le Dr Lasalle était submergé de travail. Les soins hospitaliers et médicaux suscitaient des débats. Les gens commençaient à poser des questions. Il me montra un divan. Il y avait plus de 100 dossiers de plaintes de patients. C'était impressionnant. Il devait aussi revoir l'accréditation des hôpitaux d'enseignement, s'occuper du dossier des chiropraticiens, rédiger les règlements de la nouvelle loi des hôpitaux, préparer une position sur l'arrivée imminente de l'assurance maladie, etc. Il m'offrit immédiatement de m'embaucher comme son assistant. Je demandai l'avis de quelques amis. Tous me déconseillaient fortement de m'embarquer dans ce panier de crabes. J'avoue bien honnêtement que ce n'était pas pire à l'époque qu'aujourd'hui. N'ayant peur de rien et réalisant l'importance de l'œuvre à accomplir avec un patron que j'estimais beaucoup, j'acceptai le poste... temporairement. Je désirais encore retourner en pratique privée. Qu'il est difficile de prévoir l'avenir!

Le 14 mars 1963, je fis mon entrée officielle au Collège des médecins du Québec. À l'époque, 99 % des plaintes concernaient les honoraires des médecins. La très grande majorité de ces plaintes provenaient de la région de Montréal. Le cas type : un spécialiste avait chargé 5,00 $ à un patient pour une consultation, quelques fois 10,00 $! Dans presque tous les cas, (je vous rappelle que c'est il y a quarante ans...) je devais traiter avec une agence de crédit qui vérifiait la véritable capacité de payer du patient. Quand je voyais qu'il s'agissait de gens vraiment pauvres, j'appelais personnellement le médecin et je lui demandais de faire preuve de générosité et d'annuler le compte ou dans le cas de ceux qui étaient un peu moins pauvres de diminuer la note. En général, les médecins collaboraient assez bien. Cependant, certains médecins engageaient des agences de collection pour tenter de récupérer les comptes impayés. Il y avait occasionnellement des saisies. J'en ai été témoin. Dans les cas difficiles, je présentais les dossiers qui ne se réglaient pas à l'amiable devant un comité de conciliation.

Quelquefois, le médecin était appelé à se présenter devant ce comité. Je me souviens d'un chirurgien ainsi convoqué parce qu'il y avait plusieurs plaintes identiques le concernant. Un des membres du comité travaillait dans le même hôpital que lui et l'avait enjoint d'être plus raisonnable envers les patients qui n'avaient pas la capacité de payer. Le médecin en faute avait répliqué durement. De peine et de misère, il s'est finalement calmé et accepta un compromis. Il quitta en claquant la porte. Plus tard, après avoir vu sa clientèle diminuer à cause de sa réputation de dureté, il devint plus conciliant. Le fait de contester la qualité et la pertinence des actes médicaux ne faisait pas, alors, partie des mœurs. La très grande majorité des plaintes se réglaient à l'amiable.

Je fus confronté à plusieurs autres dossiers qui m'ont marqué. Un jour, au début des années 1970, j'ai reçu un appel d'un médecin de la Gaspésie que je connaissais très bien. Après les salutations d'usage, il me fit part de son problème : « *J'ai une sœur qui est enceinte. Elle veut se faire avorter. Elle ne peut pas garder le bébé.* » Il ne s'agissait pas de sa sœur, comme je l'avais imaginé au tout début, mais bien d'une religieuse-enseignante qui s'était retrouvée enceinte grâce à la généreuse contribution du curé de la place. Nous étions à la mi-août. Il était hors de question qu'elle retourne enseigner dans cet état, en septembre. Mon confrère était contre l'avortement, mais il plaida néanmoins la cause de cette religieuse qui voulait rester membre de sa congrégation et me supplia de faire quelque chose pour elle. Je pris aussitôt le téléphone et appelai un ami anglophone de l'Hôpital général de Montréal, un des rares endroits où se pratiquaient des avortements légaux. Je lui expliquai la situation. Sa réponse fut rapide : «*Augustin, dis-lui de se présenter à tel endroit à l'hôpital, jeudi à six heures du matin.*» Suivant la consigne, notre religieuse prit l'autobus de la Gaspésie vers Montréal, pour aller se faire avorter, et est retournée chez elle, immédiatement après. Imaginez son stress et son état d'âme! Personne n'a jamais rien su. Peut-être est-elle encore religieuse ?

Il y eut aussi ce médecin, un fervent membre du groupe Pro-Vie qui m'appela, en désespoir de cause. Sa fille était enceinte. Son militantisme au sein de Pro-Vie était ancré dans ses principes, mais quand il fut confronté personnellement à un problème pratique, il dut affronter la réalité toute nue et faire fi de ses idéaux. Il me demanda d'intervenir discrètement. Ce que je fis. Au moins, il cessa de militer pour Pro-Vie.

Plusieurs cas semblables impliquant des policiers, juges, politiciens, etc., ont contribué à modifier mon opinion sur l'avortement. Le devoir du médecin n'est-il pas de rendre service à ses patients et non de leur faire la morale ? Je n'ai pas craint d'affirmer cette conviction dans tous les médias. Les médecins des années 1970 qui osaient recommander un avortement ou encore plus ceux qui les pratiquaient étaient traqués par la police avec la bénédiction du Ministère de la justice, même si la loi *omnibus* de Pierre-Elliot Trudeau avait été votée en 1969. Je me souviens notamment d'une femme-médecin, paniquée, qui m'appela à 11 heures du matin. Elle était à sa résidence avec ses enfants quand les policiers firent irruption chez elle. Son seul péché : elle avait signé une pétition en faveur de l'avortement. Elle ne fut pas la seule à subir de tels harcèlements. J'en ai informé quelques amis journalistes. À la suite de protestations publiques, le gouvernement mit heureusement fin au zèle de certains policiers.

Qui n'a pas entendu parlé de la saga du Dr Henry Morgentaler qui fut importuné par la police et le Collège des médecins, emprisonné et qui a dû se défendre à maintes reprises devant les tribunaux à cause de sa croisade en faveur de l'avortement. Son avocat, Me Claude-Armand Sheppard, me convoqua même comme témoin expert de la défense. D'autres confrères qui ne pratiquaient pas d'avortements, tels Gustave Denis et Jacques MacKay ont aussi offert leur contribution exceptionnelle. Mon témoignage m'attira les foudres de plusieurs confrères bien intentionnés, mais qui réalisaient mal l'ampleur des problèmes vécus par les femmes. J'ai mis ma tête sur le billot à cinq occasions pour les causes de ce médecin, à Montréal, Toronto et Halifax. Malheureusement, peu se souviennent des batailles féroces que j'ai menées, à cette époque, pour aider la cause des femmes. Ce qui apparaît simple et accepté aujourd'hui ne l'était pas du tout il y a trente ans.

Insatisfait du manque de position ferme du Collège dans ce dossier comme dans plusieurs autres, je décidai de briguer le suffrage à la présidence lors des élections de 1974. Tout mon groupe et moi avons été élus. Il va sans dire que, par la suite, j'ai impliqué le Collège dans toutes les discussions qui ont entouré la création du système de santé que l'on connaît aujourd'hui. J'ai été très souvent en désaccord avec ce qui se décidait et déplorais le manque de vigueur des syndicats médicaux. Ainsi, je me suis retrouvé plus souvent qu'à mon tour projeté à la une des médias.

Beaucoup étaient surpris quand je leur disais que je me retenais. Je pouvais difficilement aller plus vite que le train dans lequel j'étais embarqué. Il me fallait sensibiliser la profession, obtenir son appui et assurer l'accomplissement du mandat du Collège. Mon principe fondamental était que la pratique de la médecine devait s'effectuer dans les meilleures conditions d'exercice possible. Des jaloux, des hypocrites, des critiqueurs qui ne font jamais rien, des éteignoirs, cela a toujours existé. Ils m'ont quelques fois compliqué l'existence.

Nous étions peu nombreux à réaliser l'ampleur des visées du gouvernement. Les technocrates m'ont souvent avoué privément qu'avec le temps, ils atteindraient leur but d'obtenir le contrôle total du système de santé et de la profession médicale. L'avenir est en train de leur donner raison. Connaissant l'esprit pacifique et humaniste des médecins, leur individualisme notoire et leur très grande difficulté à se mobiliser dans une lutte contre l'État, les technocrates avec la connivence des politiciens ont procédé insidieusement pour mettre leur plan à exécution. Le rouleau compresseur de l'État est en marche depuis longtemps. S'arrêtera-t-il un jour ? Peut-on espérer une panne de moteur fatale de la machine gouvernementale ? J'aimerais avoir 30 ans et verser un sac de sable dans l'engrenage…

Aujourd'hui, après trois quarts (ou presque) de siècle de vie passionnée partagée entre la médecine, la politique et la famille, *Permettez-moi de vous dire…*

De vous dire, entre autres, que vous méritez plus et mieux que ce qui vous est offert présentement en terme de soins de santé et qu'à plusieurs égards, vous avez été bernés par les gouvernements qui vous ont fait croire que nous avons le meilleur système de santé au monde. Vous avez été trompés par les syndicats qui vous ont trop souvent pris en otage. Vous avez été induits en erreur par les politiciens, toutes couleurs confondues, avec la complicité des technocrates qui ont multiplié à dessein les structures administratives pour s'accaparer le pouvoir absolu.

La profession médicale, elle-même, se fonctionnarise rapidement comme je l'avais prévu dès la fin des années 1970. De plus en plus de médecins travaillent à horaire fixe. Plusieurs rêvent ou même se prévalent d'une médecine à salaire, l'antithèse d'une profession libérale, celle que j'ai eu le très grand plaisir d'exercer. Ils ne réalisent pas qu'ils deviendront éventuellement des proies faciles pour le gouvernement. Les médecins s'uniront-ils vraiment ou continueront-ils de tirer dans toutes les directions? Le plaisir de partir travailler à l'hôpital ou au cabinet de consultation reviendra-t-il ?

Les médecins retrouveront-ils un jour leur totale liberté et la joie d'exercer leur profession dans un hôpital ou un cabinet où ils sont vraiment les patrons ? Pour être maîtres à bord, ils doivent être conscients que le privilège d'être libres s'accompagne d'obligations à remplir envers la société. La liberté n'est souvent appréciée que lorsqu'elle est perdue. Seront-ils aujourd'hui assez lucides et sages pour mettre le holà dans le système de santé et arrêter sa dégradation ?

Que la médecine a changé dans un si court laps de temps! Que sera-t-elle dans 50 ans ? Les médecins auront-ils encore un mot à dire ? La réponse leur appartient.

Certains médecins et catégories de médecins semblent avoir l'échine très souple. À force de se prosterner devant l'appareil gouvernemental, ils risquent de rester courbés et de se voir pétrifiés dans cette position à tout jamais. Quel dommage pour eux et pour la société! C'est debout que l'humain commande le respect.

Main basse sur la médecine

Nul ne peut se sentir, à la fois, responsable et désespéré.
Antoine de Saint-Exupéry,
Courrier Sud

On prétend avoir un bon système de santé. La vantardise va jusqu'à laisser croire qu'il est le meilleur au monde! Ce système est très généreux et fort probablement le plus généreux de tous. Cette générosité coûte très cher et est la cause du gouffre financier dans lequel nous nous enfonçons. C'est un puits sans fond. S'il y avait un minimum à payer pour tout service de santé dispensé et considéré non vital, on verrait sûrement une diminution appréciable dans la demande de services. En fait, il faudrait que les gens aient le droit de s'assurer pour couvrir ces frais, ce qui est actuellement illégal au Canada et au Québec. En s'assurant volontairement, ils paieraient une prime qui augmenterait s'ils consommaient trop; ce qui mettrait un frein à la surconsommation. La gratuité totale des services de santé de base est une grave erreur. Elle n'existe nulle part au monde, sauf à Cuba et en Corée du Nord qui ne sont certainement pas des exemples à imiter…

La modération a bien meilleur goût

Tout ceci amène l'épineux débat des tickets modérateurs, appelés aussi *frais dissuasifs* qui sont monnaie courante ailleurs. Par exemple, un montant de vingt dollars empêcherait-il des personnes de se procurer un service indispensable? Aujourd'hui, une contravention, une soirée au cinéma, un livre, un vingt-six onces d'alcool, ou un plein d'essence coûtent généralement plus de vingt dollars. Le but visé par les régimes gratuits d'assurance maladie et d'hospitalisation est d'offrir des services médicaux et hospitaliers à ceux qui sont réellement atteints de problèmes sérieux. Le ticket modérateur ne s'applique donc pas aux patients hospitalisés. L'argument selon lequel les pauvres ne pourraient plus avoir accès aux services pourrait être contourné en indexant leurs allocations selon leur âge. Comme la majorité des gens n'abusent pas, le ticket modérateur ne les pénaliserait pas parce qu'ils n'auraient pas à le défrayer souvent. Il les inciterait cependant à ne pas exagérer dans leurs demandes de services, avec comme conséquence directe, une baisse des dépenses publiques de santé.

Prenons l'exemple de la France. Cela pourrait être la Suède ou un autre pays. Ainsi en France, le patient paie directement au médecin les honoraires préétablis; il va ensuite à la caisse de sécurité sociale pour obtenir un remboursement. Là, selon le diagnostic médical et la maladie, chronique ou aiguë, la sécurité sociale remboursera en totalité ou en partie les honoraires payés. Par exemple, quelqu'un souffrant de diabète et devant consulter le médecin à intervalles réguliers pourra être remboursé entièrement. Une *consultation*, pour une simple grippe, ne serait remboursée qu'à soixante-quinze pour cent ou moins. En fait, dans la plupart des pays, l'État couvre entièrement les services **essentiels** à la santé et ne défraie qu'en partie ceux qui ne le sont pas, ce qui semble logique et équitable, contrairement à ce que prétendent les socialistes purs et durs.

Une telle mesure permettrait de conscientiser et de responsabiliser les patients. Avant de dépenser ne serait-ce qu'un minimum de vingt dollars, les gens réfléchiraient. *«Money talks»*. L'argent parle et modifie les comportements. C'est bien prouvé.

Je l'ai expérimenté moi-même avant d'avoir jamais entendu parlé de ticket modérateur. Tel ce monsieur Jourdain qui faisait de la prose sans le savoir. Comme tout médecin généraliste de l'époque, je répondais à tous les appels 24 heures sur 24, 7 jours par semaine. Il y avait très peu d'abus. On ne dérangeait pas le médecin pour une insignifiance. Un jour d'hiver cependant, à Schefferville à 5 heures du matin, quelqu'un frappe à la porte de ma résidence. C'était une petite fille de 6 ou 7 ans, envoyée par sa mère. «*Ma petite sœur est malade. Ma mère veut que vous veniez la voir.*», me dit-elle. «*Je serai chez vous dans 5 minutes*», fut ma réponse. C'était près de chez moi. Le temps de le dire, je prends ma trousse médicale et me présente chez les parents. J'examine la petite de 4 ou 5 ans. Diagnostic : simple rhume. «*Depuis quand est-elle malade ?*», demandais-je à la mère. «*Deux jours.*», me répondit-elle. «*Vous n'avez pas pensé venir à mon bureau hier ?*» Elle répliqua : «*Je n'ai pas eu le temps*». «*La prochaine fois, vous y penserez. Moi aussi, j'ai besoin d'être reposé pour faire mes journées de travail.*», ajoutais-je. Son dernier commentaire : «*Je pensais que vous étiez levé comme mon mari qui s'en va à la mine*». J'ai ajouté: «*Lui, il termine à 16 heures, moi je travaille tard dans la soirée*». Je lui ai ensuite donné les conseils d'usage pour la petite, ajoutant : «*C'est 10 dollars.*» Elle me paya rubis sur l'ongle en s'excusant. L'histoire se répandit dans la ville comme une traînée de poudre. «*Il ne faut pas déranger le docteur la nuit. Il charge très cher*». Mon ticket modérateur et éducateur avait fonctionné. Je pourrais aussi l'appeler *ticket orienteur* comme le suggéra sagement le ministre Marc-Yvan Côté en 1990. Dorénavant, mes patients «*s'orientaient*» à la bonne place, au bon moment. Jamais plus n'ai-je été dérangé pour des futilités!

Les tickets modérateurs n'engendreraient peut-être pas des sommes gigantesques. Cependant, ils signaleraient aux usagers des services qu'il y a des coûts associés à la consommation, et contribueraient à leur éducation. Sans aucun doute!

Lâcheté politique

Si une telle approche n'a pas encore été adoptée, c'est qu'aucun politicien n'a eu le courage de prendre le taureau par les cornes en préconisant des mesures dissuasives à la consommation inutile. Pourtant, gouverner, c'est planifier, proposer, précéder et non suivre aveuglément ceux qui «*crient*» le plus fort. Inévitablement, il se trouvera des personnes et des groupes d'intérêts qui dénonceront ces mesures comme étant trop radicales. Il s'agit toujours de la même vieille rengaine sociale-démocrate qui prétend que tout ce qui touche la santé doit être gratuit. Selon eux, si tel n'était pas le cas, les gens n'auraient pas tous les services de santé auxquels ils présument avoir droit. Il est regrettable de constater que, parmi ces opposants, et ce, depuis le début du régime d'assurance maladie, il y a la FMOQ (Fédération des médecins omnipraticiens du Québec). Serait-ce par crainte de voir leurs membres subir une baisse de revenus à cause de la diminution du nombre de visites médicales ? L'assurance maladie n'assure-t-elle pas un revenu garanti au médecin ? Plus il y a de patients, plus c'est payant. Plus cela coûte cher à l'État également.

Le droit universel à la santé

L'État souhaite que ses sujets soient en bonne santé, tout comme il préconise une bonne éducation. Aucune loi, ni aucune charte des droits ne l'oblige cependant à fournir gratuitement tous les soins de santé. D'autant plus que le concept de la santé semble inclure maintenant tout ce qui concerne l'être humain.

Chaque pays affiche ses particularités. Prenons le domaine de l'éducation. Ici nous avons l'école gratuite pour les niveaux primaire, secondaire et collégial mais, nous devons payer pour l'université même si les frais sont anormalement bas. En France, l'université est gratuite, ce qui n'est pas le cas partout dans le monde. Qui a raison ? La France ou nous ?

Revenons au domaine de la santé et à l'esprit qui prévalait au moment de la conception du système de santé dans les années 1960-1970. L'objectif poursuivi n'était pas d'instaurer une couverture « *mur-à-mur* » des services de santé. La philosophie de base était plutôt d'empêcher les gens de se ruiner si, par malchance, ils tombaient réellement malades. Ainsi, une personne atteinte d'un cancer, d'un problème cardiaque ou de toute autre maladie grave ne se verrait plus dans l'obligation de défrayer les coûts catastrophiques de ses soins. L'État s'en chargerait. C'était et cela demeure tout à fait correct. Il n'a jamais été prévu alors que le système couvrirait tous les frais de santé du berceau à la tombe, du rhume banal à l'infarctus aigu. Selon quel critère, l'État paierait-il pour quelqu'un qui consulte un médecin pour une toux bénigne ou pour un autre qui se présente à l'hôpital pour une éraflure ou encore pour un mal de tête consécutif à des libations trop abondantes. Pourquoi l'État paierait-il la note quand il s'agit de consommations inutiles ? En revanche, pourquoi empêcherait-il quelqu'un de payer pour obtenir un examen de son choix ?

Les gouvernements sont responsables du laxisme actuel

La société et surtout ses gouvernements sont responsables du laxisme actuel et de la *sur-utilisation* du système. C'est l'État lui-même qui a encouragé la consommation des services de santé et ce depuis le tout début. Avant 1961, les salles d'urgence étaient vides. Qui se présentaient aux urgences alors? Les accidentés graves, une femme enceinte dont l'accouchement se déroulait mal à la maison, quelques patients se sentant gravement malades, c'était à peu près tout. D'ailleurs cette situation prévaut encore aujourd'hui en Europe. Les salles d'urgence engorgées font partie de ce qui nous rend distincts... La loi sur l'hospitalisation gratuite a été adoptée en décembre 1960 et est entrée en vigueur le premier janvier 1961. Les gouvernements aiment toujours se vanter de leurs «bonnes» actions comme si c'était eux-mêmes qui payaient la facture et non le citoyen déjà surtaxé. C'est pourquoi on ne s'est pas privé de répéter, lors de campagnes publicitaires intensives, que non seulement «*Thomas Tout-le-monde*» ne devait plus craindre d'aller à l'hôpital mais qu'il était invité à s'y rendre sans se gêner. C'était gratuit. La belle affaire! Et le fédéral payait à peu près la moitié des coûts.

En 1961, on a changé les habitudes des patients

Cette législation a eu pour conséquence de changer le comportement des patients. Avant l'assurance hospitalisation, ceux qui avaient des problèmes de santé ne se présentaient pas aux urgences des hôpitaux. Ils se rendaient au bureau de leur médecin et y trouvaient habituellement la solution à leurs ennuis. Le médecin les facturait pour la visite ainsi que pour les injections, pansements et autres fournitures médicales. Tout à coup, après l'assurance hospitalisation, tous les services hospitaliers, y compris la salle d'urgence, devenaient « gratuits ». Sachant compter, les gens ont vite réalisé les avantages que l'hôpital offrait par rapport aux cabinets privés. C'est ainsi que bon nombre de patients ont déserté progressivement les cabinets privés amenant les médecins à couper leurs heures d'ouverture, surtout en soirée.

Les salles d'urgence se sont alors graduellement remplies de cas qui ne représentaient pas de réelles urgences. Aujourd'hui, le pourcentage de vraies urgences, où la vie du patient est menacée et en danger, ne représente pas plus de quinze pour cent de tous les cas qui se présentent à l'urgence. Vingt-cinq pour cent des patients ont besoin de soins réels qui pourraient être dispensés ailleurs qu'à l'hôpital. Ce chiffre est en croissance à cause du vieillissement de la population. Il serait moindre s'il y avait plus de centres d'hébergement pour personnes âgées où on pourrait prodiguer plus de soins sur place. On peut estimer aujourd'hui, sans trop d'erreurs, que soixante pour cent des visites en salles d'urgence pourraient être évitées. Ce phénomène se corrobore facilement en constatant que les soirs où se déroulent de grands événements sportifs ou télévisuels, les salles d'urgence sont quasiment désertes. C'est aussi vrai l'été quand il fait beau et pas trop chaud.

Les services inutiles

Malgré l'engorgement du réseau, y a-t-il des services inutiles? On accuse souvent les médecins d'être générateurs des coûts de la santé, puisqu'ils facturent la Régie de l'assurance maladie pour tous les services rendus, et qu'ils prescrivent des examens et des traitements. Pourtant ni les médecins, ni les hôpitaux n'ont d'autres choix que de recevoir les patients qui se présentent chez eux. À partir du moment où quelqu'un se plaint de vagues douleurs à la poitrine, de troubles respiratoires, de maux de ventre ou de tout autre malaise, le médecin est tenu d'établir le bon diagnostic. Il devra utiliser tous les outils pour y arriver: tests de laboratoire, examens radiologiques, consultations, etc. Dans un grand pourcentage de cas, les tests et examens s'avéreront négatifs, ce qui ne veut pas dire qu'ils étaient inutiles et n'auraient pas dû être prescrits. Bien au contraire, ils contribuent à la protection et à la sécurité du patient. Un médecin qui ne jugerait pas utile un test qui aurait dû être effectué aujourd'hui pourrait être blâmé ultérieurement. Cette médecine soi-disant défensive est devenue courante et nécessaire. À cause des risques de poursuites et des changements de mentalité des patients, attisés par la voracité de certains avocats, le médecin d'aujourd'hui est justifié de prescrire tous les examens possibles pour sa propre protection. Certes, il ne doit pas verser dans l'excès. L'examen doit être pertinent. Reprocher aux médecins d'être responsables des coûts de la santé, c'est l'équivalent de rendre les ingénieurs responsables de l'entretien des ponts ou d'imputer aux avocats, les frais d'opération des palais de justice. Tout médecin a l'obligation de se protéger contre les risques de poursuites.

L'exemple des obstétriciens-gynécologues

Prenons l'exemple des obstétriciens-gynécologues dont la prime d'assurance responsabilité se chiffre à plus de trente mille dollars annuellement. Dans un cas de poursuites, impliquant un handicap physique ou mental chez un nouveau-né, l'obstétricien-gynécologue devra démontrer qu'il a exercé selon toutes les règles de l'art du début à la fin de la grossesse. Sinon il s'expose à une condamnation l'obligeant à payer plusieurs millions de dollars. Si on arrive à ces chiffres astronomiques, c'est que les handicaps à la naissance peuvent être permanents et que l'espérance de vie d'un bébé est d'environ quatre-vingts ans. Le médecin est donc justifié d'exiger tout ce dont il a besoin pour procéder à un accouchement. Aux États-Unis, les primes d'assurances sont beaucoup plus élevées pour les obstétriciens-gynécologues, mais ceux-ci chargent cinq mille dollars et plus pour un accouchement. Au Québec, le tarif d'un accouchement normal est d'environ 320,00 $.

Rationalisation et rationnement

Depuis quelques années, on a assisté à une certaine rationalisation dans le système de santé. Mais là où le bât blesse, c'est qu'en même temps, on a procédé à un rationnement des soins. Pour des raisons de coûts parfaitement compréhensibles, on a limité les ressources financières et diminué le nombre de lits hospitaliers et le personnel équivalent. Un ancien ministre de la santé, alors qu'il était professeur à l'Université Laval, posait invariablement la même question à ses élèves: « Quelle est la meilleure façon de réduire les coûts de la santé? » La bonne réponse était et demeure: diminuer le nombre de médecins et diminuer aussi le nombre de lits dans les hôpitaux. Fidèle à l'argument économique de son ministre à qui on demandait de faire des coupures drastiques pour éliminer les déficits répétitifs de l'État, le gouvernement d'alors a adopté d'emblée cette politique. Les conséquences se sont vites manifestées. Il y eut une baisse temporaire des coûts, mais à quel prix? Il s'ensuivit une diminution des services disponibles pour une population vieillissante et plus susceptible d'être malade. Des listes d'attente inacceptables sont apparues dans un régime qui *garantit* pourtant l'accessibilité totale aux services. Bel exemple d'hypocrisie et d'inhumanité. La loi canadienne sur la santé n'est pas respectée. Qu'importe, les gouvernements semblent au-dessus des lois.

La gestion par cataplasme

Pour pallier les problèmes qui surgissent de toute part, l'État a adopté le mode de gestion par cataplasme. S'il survient une crise dans un secteur, par exemple des malades en attente d'une chirurgie du cœur qui peuvent mourir parce que le délai d'attente est trop long, et que, par hasard, un journaliste médiatise la situation, notre «bon» ministère injectera alors des fonds pour diminuer temporairement l'ampleur du problème. C'est la gestion au son: plus tu cries fort, plus tu reçois d'écoute! Cette gestion «*à la mitaine*», cas par cas, n'offre certainement pas de solution à long terme. Ce n'est certes pas très rassurant pour cette partie de la population qui dans quinze ou vingt ans atteindra les soixante-dix ans. Présentement ceux qui font partie des listes d'attente et qui n'en peuvent plus, en sont réduits à exercer des pressions politiques ou autres pour être traités plus rapidement. D'autres, mieux nantis, vont se faire soigner ailleurs ou se rendent dans des cliniques privées. Ainsi, celui qui attend depuis douze à dix-huit mois pour une opération de cataractes peut décider de consulter un ophtalmologiste en clinique privée et défrayer quelques milliers de dollars pour son opération.

Il en va de même dans un cas de prothèse du genou ou de la hanche. Peut-on blâmer les malades ? Ça prend du front pour faire croire à la population que le recours à des services privés est injustifié et inéquitable. De quel droit ne serait-il pas permis d'utiliser son argent durement gagné selon ses priorités. Certains roulent en Chevrolet, d'autres en Cadillac. Tous les deux vont atteindre leur destination.

La lassitude graduelle des médecins

De plus en plus de médecins songent à quitter le secteur public en rompant leur participation avec le régime d'assurance maladie. Plusieurs, omnipraticiens ou spécialistes l'ont déjà fait. D'autres emboîteraient le pas si leurs malades étaient moins pénalisés. Même si la loi a toujours permis l'exercice de la médecine totalement privée, très peu de médecins se sont prévalus de cette option parce que le médecin non participant est automatiquement exclu du secteur public et que le patient doit injustement assumer tous les frais.

Le désabusement des médecins les plus dynamiques ne date pas d'hier. Il s'est amplifié au cours des dernières années. Diverses mesures en sont responsables. Le rationnement toujours aussi strict des actes médicaux imposés aux médecins compte pour beaucoup. Qu'on pense seulement au plafonnement des honoraires après une certaine quantité de travail. Comment qualifier la restriction du temps opératoire des chirurgiens dans les hôpitaux ? Carrément scandaleuse! Et les quotas dont sont victimes les chirurgiens et surtout leurs patients ? L'orthopédie en est une bonne illustration.

Il y eut aussi cet infâme programme de mise à la retraite, plus ou moins volontaire des médecins âgés, qui a chambardé tout le système de santé. Le gouvernement n'est pas le seul coupable de ce gâchis incroyable. Les deux fédérations médicales, FMOQ et FMSQ, ont participé à parts égales à cette fumisterie et y ont donné leur aval, supposément pour aider le gouvernement à atteindre son équilibre financier. En réalité, c'était pour empêcher une diminution de 6 % des tarifs d'honoraires professionnels suite au gel unilatéral de leur masse salariale et à la généralisation des plafonds de revenus. On poursuivait deux objectifs : diminuer les dépenses globales de santé et atteindre l'équilibre au niveau des effectifs médicaux. Le spectre de la pénurie ne s'était pas encore manifesté. Quel sinistre calcul qui passa presque inaperçu à l'époque!

Environ 1400 médecins, parmi les plus productifs, les plus travaillants et les plus expérimentés se sont vu montrer la porte presque subitement par de jeunes loups égoïstes et sans cœur. Le plus odieux, c'est que cela se soit produit sans grande protestation, du moins à ma connaissance. *«On n'avait pas le choix»*, disait-on. C'était à prendre ou à laisser. Les *vieux* n'étaient plus les bienvenus dans les hôpitaux qu'ils avaient tenus à bout de bras pendant des décennies. Il fallait du sang neuf, trop souvent contaminé par la nouvelle religion sociale-démocrate appelée: *la qualité de vie* et son associée: *la poursuite du plaisir*.

Ces valeureux médecins, au sommet de leur carrière, ne pouvaient pratiquement pas se permettre de refuser cette alléchante opportunité sur le plan financier, un épouvantable cadeau empoisonné dont les patients font encore les frais. Ce scénario s'est reproduit de façon identique avec les infirmières et d'autres professionnels de la santé. Il a déstabilisé le système de santé et entraîné rapidement des conséquences néfastes qui sont en très grande partie la cause du marasme actuel. Pourtant on parle peu de ce véritable scandale et de cette vente aux enchères des plus méritants.

Avant l'introduction de ce programme de mise à la retraite anticipée des médecins d'un certain âge, on ne parlait pas de pénurie globale d'effectifs médicaux. Il y avait bien quelques besoins ponctuels de médecins, mais rien de catastrophique. Bien plus, quelques années avant 1996, on parlait même de surplus de médecins... et d'infirmières. Les études d'économistes se perdaient en conjectures de toutes sortes. Certains prédisaient un surplus de médecins pour encore plusieurs années avant d'atteindre l'équilibre. D'autres prévoyaient qu'on l'atteindrait plus rapidement, à cause de la demande de soins reliés au vieillissement de la population, à la progression logarithmique du développement de la technologie et surtout au comportement différent des nouveaux médecins dont l'éthique du travail n'est généralement pas la même que celle de leurs prédécesseurs. Ajoutez à cela l'arrivée massive des femmes en médecine. Elles sont certainement très compétentes, mais, sauf exceptions, n'abattront jamais la quantité de travail d'un médecin d'autrefois. Ce qui se comprend facilement.

À cette époque, aucun expert ne prévoyait qu'il y aurait un manque de médecins en 2003. Selon moi, cette pénurie n'est pas aussi grave qu'on le prétend. J'y reviendrai.

Les décisions gouvernementales de réduire les admissions en médecine et en sciences infirmières, prises il y a une dizaine d'années, étaient justifiées dans le cadre d'une médecine étatique où presque tous les coûts sont à la charge du gouvernement. Personne ne possède la boule de cristal qui permet de prédire l'avenir de façon infaillible. C'est tellement vrai, que l'entente concernant la mise à la retraite *volontaire* des médecins stipulait que les médecins retraités perdaient ipso facto leur droit de facturer la RAMQ. On voulait à tout prix épargner de l'argent sur le dos des malades. Douce ironie du sort, pour pallier la pénurie provoquée intentionnellement, et à la suite de pressions exercées par certaines régions, le gouvernement et les fédérations ont dû se résigner à faire fi de l'entente initiale et permettre à plusieurs médecins retraités de revenir exercer dans le réseau public. Cynisme ou incompétence ? Ou les deux à la fois ?

Hypocrisie et double imposition

On clame à qui veut l'entendre que les services sont les mêmes pour tous et qu'il n'existe pas de système à deux vitesses, soit une médecine pour les riches et une pour les pauvres. Pourtant dans plusieurs cas, cette double vitesse est déjà enclenchée. Les brillants planificateurs du gouvernement ont-ils pensé qu'en incitant autant de médecins à prendre leur retraite, en diminuant la quantité de services disponibles à la population, en fermant des milliers de lits d'hôpitaux et en provoquant ainsi des longues listes d'attente, ils favorisaient, par le fait même, l'émergence d'une médecine privée parallèle qui n'aurait jamais dû être *ostracisée* comme elle le fut en 1970 et qui, faut-il le rappeler, existe pratiquement partout dans le monde ? Ce fut alors une décision idéologique à laquelle s'accrochent encore désespérément quelques

31

irréductibles puristes, une vieille garde nostalgique, vestige des années 1960.

Actuellement, les patients qui ont recours aux services privés se retrouvent doublement pénalisés. Ils ne reçoivent pas les services pour lesquels ils paient, par le biais de leurs impôts, et ils doivent payer en plus pour obtenir ces mêmes services en privé.

S'il était permis de pouvoir souscrire à une assurance privée, couvrant les services médicaux de base, une partie de la population pourrait s'en prévaloir volontairement, et *désengorgerait* ainsi le système public. À ce chapitre, le secteur de l'éducation pourrait servir d'inspiration.

Cette situation aberrante illustre l'hypocrisie des gouvernements. Elle se traduit par une double imposition pour le patient qui est prêt à dépenser pour des services de santé désirés. Les gouvernements considèrent-ils les patients comme des enfants qui n'ont pas la capacité de faire leurs propres choix et qu'il faut tenir par la main ?

Malgré le discours égalitaire et gauchiste des gouvernements, il existe un nombre croissant de patients disposés à payer pour obtenir un service plus rapide et plus personnalisé pour soulager leurs souffrances. Peut-on les critiquer de vouloir obtenir un traitement plus humain?

Une croissance exponentielle des coûts

Le budget du ministère de la santé et des services sociaux était de 4,1 milliards de dollars en 1977 et de 7,7 milliards en 1985. En 2003, il atteint presque 18 milliards. Pourtant, la population du Québec a peu augmenté durant ce temps. Comment expliquer la croissance phénoménale des coûts de santé physique et mentale ? Il y a bien sûr le vieillissement normal de la population, l'essor technologique extraordinaire des dernières décennies et l'introduction continuelle de nouveaux médicaments de plus en plus dispendieux et performants.

La présumée gratuité du système actuel en est toutefois l'élément le plus inflationniste. Il y a, sans aucun doute, un lien étroit entre la gratuité et la consommation. Supposons, par exemple, que le gouvernement dans un élan de générosité électoraliste, comme seuls les politiciens en sont capables, décrétait la gratuité du pain parce que relativement peu cher et consommé par la majorité des gens. Qu'arriverait-il? Il est certain que la demande de pain croîtrait de manière appréciable. La consommation augmenterait, mais c'est surtout le gaspillage qui deviendrait gigantesque. Ainsi en fut-il dans le réseau hospitalier.

En 1961, le *per diem* (coût moyen d'un patient pour une journée d'hospitalisation) dans un hôpital de courte durée était en moyenne d'au plus quinze dollars; si aujourd'hui on utilisait la même base de calcul, il se chiffrerait bien au-dessus de cinq cents dollars. A-t-on seulement pensé à remercier les communautés religieuses pour leur dévouement, leur travail exemplaire et leurs sacrifices pour la collectivité ?

Un autre facteur responsable de l'accroissement prodigieux et incessant des coûts de santé est la bureaucratisation et la fonctionnarisation du système. Une kyrielle de fonctionnaires se sont progressivement ajoutés pour voir à l'application d'une réglementation de plus en plus lourde et complexe. Serait-il hérétique de questionner leur *«indispensabilité»* et leurs méthodes de travail ? Quelle pilule devrait-on leur donner pour calmer leur libido et les arrêter de se reproduire comme de petits lapins ? Le même médicament devrait être administré aux gouvernants qui encouragent cette multiplication débridée.

Que penser aussi de la syndicalisation massive de tous les travailleurs du système public ? Les rapports de forces patrons/syndiqués ne sont pas les mêmes dans le système privé que dans le système public. Ainsi, dans le secteur privé, si un syndicat exagère dans ses demandes, il acculera le patron à la faillite avec pour conséquence la perte des emplois de ses membres. Quand les membres n'ont plus d'emplois, ils ne paient plus leurs cotisations syndicales. Les syndicats n'ont donc aucun avantage à se montrer déraisonnables et trop gourmands. Dans le secteur public, la situation est bien différente. Le gouvernement ne peut pas faire faillite.

Il ne fermera pas longtemps l'ensemble de ses écoles ou de ses hôpitaux en prétextant un manque d'argent. De plus, comme le but premier de tout gouvernement est de conserver le pouvoir, il n'a généralement pas beaucoup d'avantages à se mettre à dos les syndicats et leurs milliers de membres, à moins d'être fortement soutenu par l'opinion publique. C'est pourquoi le gouvernement Lesage a hésité très longtemps («*La Reine ne négocie pas avec ses sujets*», disait-il) avant d'accepter la syndicalisation des employés du secteur public et parapublic qui ont alors solennellement juré de ne pas abuser de leur nouvelle force de frappe. Leur promesse n'a pas fait long feu. Quelques mois plus tard, ils étaient déjà en grève. La démagogie syndicale n'a d'équivalente que celle des politiciens.

Dans les années soixante et soixante-dix, la richesse de l'État semblait inépuisable, les impôts relativement bas et la dette, pratiquement inexistante. L'administration publique a alors été très généreuse envers ses employés en leur accordant des conditions de travail et des avantages sociaux qui sont devenus excessifs vu l'état déplorable des finances publiques et la capacité de payer des autres citoyens. Non seulement cette générosité électoraliste a-t-elle contribué à épuiser le trésor public, mais elle a aussi ralenti la productivité des employés. Par exemple : congés de maladie trop bien rémunérés pour inciter l'employé à retourner au travail, définition trop restrictive des tâches qui nuit à l'efficacité et à la mobilité du personnel, assurance salaire tellement avantageuse qu'il est difficile de ne pas s'en prévaloir, libérations syndicales à gogo, etc.

Pas surprenant qu'au Québec la syndicalisation se soit bien implantée. On retrouve ici plus de 40 % des travailleurs qui sont syndiqués alors qu'aux États-Unis, il y en a 14 % et que dans les autres provinces le chiffre tourne autour de 34 %. Pourtant nos syndicats ne sont pas encore satisfaits. La cagnotte n'est pas assez pleine. Auraient-ils pris le virage capitaliste ? Avec la complicité d'un gouvernement socialiste ! J'en perds mon latin.

Plus de quatre-vingt pour cent du budget d'un hôpital sert à payer les salaires de ses employés. Toute diminution de la contribution du gouvernement affecte grandement sa marge de manœuvre. Il a beau couper dans les portions alimentaires servies aux patients ou réduire le chauffage, il n'épargne ainsi que des sous par rapport aux dollars dont il aurait besoin. Les seules options restantes, pour baisser les coûts de fonctionnement, sont donc de diminuer le nombre des employés, d'augmenter leur productivité et de privatiser certains secteurs de l'hôpital comme la cuisine, la buanderie, l'entretien ménager, la sécurité, la pharmacie, les laboratoires, etc. Cela conduirait sûrement à un dur affrontement syndical car les syndicats ne veulent pas perdre de membres et surtout pas leurs cotisations. Mais, il en résulterait de grandes économies.

Dans le même ordre d'idées, j'aimerais rappeler que la masse salariale servant à la rémunération des employés de l'État représente aujourd'hui environ 54 % des dépenses gouvernementales. C'est nettement excessif. Elle devrait être réduite à 42 % ou moins pour que l'État soit plus efficace, moins pléthorique et surtout qu'il cesse d'empiéter sur la liberté des gens. C'est la seule façon d'en arriver un jour à une réduction des impôts... de ceux qui en paient. Qu'on ne vienne surtout pas brandir le spectre de la baisse des services aux citoyens! Tout le monde connaît la rengaine intéressée des syndicats et leur gargantuesque appétit pour le travail, n'est-ce pas!

La population se doit de réagir maintenant

Comme le disait Antoine de Saint-Exupéry: « Nul ne peut se sentir, à la fois, responsable et désespéré». Le désespoir engendré par la situation actuelle pourrait être contré si tous et chacun prenaient la responsabilité d'exiger des changements structurels majeurs dans notre système de santé et non seulement l'ajout d'argent neuf pigé comme toujours dans la poche du contribuable surtaxé. Je rêve peut-être en couleurs. Les politiciens de tout acabit que j'entends pérorer sur le sort de l'humanité semblent privilégier cette solution de facilité. Jusqu'à quand ?

Mes opinions choqueront les cœurs fragiles (*bleeding hearts*). Mais n'est-il pas préférable de regarder lucidement la réalité plutôt que de se mettre la tête dans le sable et tenter de faire croire à la population que tout ne va pas si mal.

À certains discours faussement réconfortants, fidèle à moi-même, je préfère la confrontation, la conscientisation et la responsabilisation. Si rien ne change, les vieillards que nous serons tous demain se retrouveront en bien mauvaise posture.

La véritable histoire du système de santé

Le présent n'est pas un passé en puissance,
il est le moment du choix et de l'action.
Simone de Beauvoir

Le XXe siècle a été marqué par un essor scientifique et technologique formidable. Que ce soit dans les communications, le transport, l'aérospatiale ou la médecine, cette évolution du savoir a complètement modifié notre façon de vivre. Durant ce siècle, l'homme a marché sur la lune, inventé l'informatique et pénétré au cœur même de la cellule humaine pour y découvrir ses secrets. Toutes ces découvertes ont eu des répercussions sur notre confort individuel et font que nous n'avons plus à lutter férocement contre la nature pour survivre. Parallèlement à cette évolution sans pareil, les valeurs religieuses et morales ont beaucoup changé, pas toujours pour le mieux. Faut-il nécessairement perdre d'une main ce que l'on gagne de l'autre?

L'être ou l'avoir

Ceux qui sont nés avant les années 1940 et même 1950 ont bénéficié d'un enseignement religieux intensif et se sont vu inculquer des valeurs morales très strictes. Peut-être un peu trop. Le travail et le sens des responsabilités constituaient une valorisation de la personne. On disait d'un futur époux que c'était un « *bon parti* » quand il avait la réputation d'être un homme travaillant, généreux et responsable. Une fille se devait d'être économe, douce et bonne cuisinière. Par ailleurs, il existait les *autres*, les gaspilleux, les envieux et les paresseux. Quand j'étais jeune, combien de fois ai-je entendu ma mère me dire : «*C'est avec des sous qu'on fait des piasses*». Elle ne me donnait un peu d'argent que si je justifiais mes dépenses. Tout ceci faisait partie de la mentalité qui a régné jusqu'à la fin de la deuxième guerre mondiale. J'en ai été imprégné. On sortait alors d'une terrible crise économique qui a marqué tous les gens de cette époque. Les années 1950 amenèrent l'abondance qui a modifié les modes de vie. La société de consommation émergeait et prêchait qu'il était désormais futile de se priver de biens ou de loisirs accessibles normalement à des gens bien nantis. « *Voyagez maintenant, et payez plus tard!* » disait une publicité. Encore aujourd'hui, on tente de nous vendre des biens en insistant : «*Ne payez rien avant un an!*» Alors, qu'avant la guerre, il était impensable de s'endetter pour des biens périssables, le crédit presque sans limites s'est infiltré insidieusement dans beaucoup de foyers, fragilisant nombre de familles.

Autre temps, autres pauvres

La pauvreté, durant les années 1930, était bien différente de celle d'aujourd'hui. Et elle était traitée d'une autre façon aussi. D'abord, tous étaient relativement pauvres, mais fiers d'être autonomes. Il y avait très peu de riches. Les plus pauvres représentaient une infime minorité à la charge du gouvernement provincial et de la municipalité où ils résidaient. Il s'agissait généralement de personnes handicapées physiques ou mentales. Les abus étaient à peu près inexistants, surtout dans les petites municipalités où tout le monde se connaissait.

Pour les soins de santé réellement requis, on leur donnait une «*carte rose*» qui leur permettait l'accès au médecin, dans les dispensaires des hôpitaux et à un lit d'hôpital. Il fallait que cela soit médicalement justifié. Ces cartes étaient émises par les municipalités qui exerçaient un contrôle très strict. Les bénéficiaires devaient être dans l'incapacité totale de travailler et démontrer qu'ils n'avaient aucune ressource financière. Jamais une telle carte n'aurait été accordée à un jeune homme de 25 ans en bonne santé et apte au travail.

La société n'acceptait pas qu'une personne en bonne santé refuse du travail et se laisse vivre à ses crochets. Les conseils municipaux qui étaient encore moins dépensiers que le gouvernement provincial, contrôlaient étroitement les factures générées par ces cartes, ce qui éliminait toute consommation inutile.

Les contribuables surveillaient également. Personne ne voulait être stigmatisé comme assisté social. Quel contraste avec aujourd'hui! Il est important de garder en mémoire que, jusqu'à la fin des années 1950, les gouvernements n'avaient pratiquement aucune dette, représentant fidèlement la mentalité des citoyens.

Quand tout devient besoin

Même la simple notion de besoin a changé. Il doit y avoir une nette différence entre les besoins essentiels à la vie, et ceux qui sont accessoires, entre le nécessaire et le luxe. Plutôt que de travailler et vivre simplement, certains préfèrent souvent l'aide de l'État tout en s'adonnant à la loterie ou au casino pour rêver de la grande vie et de ses paradis trompeurs. « *Après tout, c'est bien arrivé à d'autres, pourquoi pas à moi* » se dit-on et notre subtil gouvernement de renchérir : « *Un jour, ce sera ton tour!* ». Esprit de sacrifice et abnégation ont été remplacés par un *carpe diem* (profitons au maximum du jour présent!) inconséquent et irresponsable.

L'ère de la prospérité

Le boum économique de la deuxième grande guerre avait déjà commencé à modifier les mentalités. Les usines fonctionnaient à pleine capacité et les femmes envahissaient le monde du travail. Après une longue dépression économique et des années de vaches maigres, la prospérité était au rendez-vous. Lentement, puis de plus en plus rapidement, les cordons de la bourse des individus, de la municipalité, de la province et du fédéral allaient se délier.

À l'exemple de nos gouvernants

L'endettement et la pratique du pelletage par en avant ont commencé à la fin des années 60 et se sont intensifiés durant les années

70. Nos gouvernements en sont les premiers responsables. Leur attitude électoraliste et leurs largesses sociales lors du boum économique ont sonné le glas des responsabilités individuelles. Les syndiqués de la fonction publique et parapublique, notamment, ont largement bénéficié de ces lubies gouvernementales.

L'ère de l'État providence

La prise du pouvoir par les «idéologues» de gauche, au début des années 1960, mena à l'instauration de l'État providence. Ils en profitèrent pour investir tous les paliers décisionnels et médiatiques en faisant la promotion et la propagande d'un socialisme égalitariste par une tactique de nivellement par le bas (un cocktail local de maoïsme et de marxisme-léninisme tolérant la liberté de parole sans risque d'emprisonnement).

Afin de s'attirer encore plus de sympathie populaire, ils assortirent le tout de nouveaux «droits» (droit à la santé, droit à l'éducation et au revenu minimum garanti pour tout le monde), prenant bien soin de ne jamais mentionner les obligations inhérentes à ces supposés *droits*.

Leurs préoccupations premières étaient plutôt de se créer une sécurité d'emploi blindée et une généreuse pension de retraite, sans compter tous les avantages sociaux qu'ils se sont octroyés. Ceux que Duplessis avait traités de « *pelleteux de nuages* » ont bien pris leur revanche. Ils infiltrèrent tous les gouvernements, se multiplièrent à qui mieux mieux et prirent le contrôle de l'appareil gouvernemental, quelle que fut la couleur du parti politique au pouvoir. Beaucoup sont déjà disparus, mais leurs héritiers sont encore en poste. Qui nous en libérera ?

L'arrivée de l'assurance hospitalisation

Indubitablement, avant l'instauration de l'assurance hospitalisation, les gens fréquentaient peu l'hôpital, sauf dans les cas d'urgences majeures. Ils savaient se priver de certains services non essentiels. Cependant, les gens de la classe moyenne devenaient de plus en plus incapables de recourir aux services hospitaliers, alors qu'ils étaient atteints de maladies graves nécessitant beaucoup de soins coûteux. C'est pour cette raison que l'assurance hospitalisation a été mise en place. Cette première mesure sociale d'envergure était justifiée et fut bien accueillie.

Avant l'entrée en vigueur de l'assurance hospitalisation, le premier janvier 1961, les syndicats dans le domaine de la santé ne disposaient pas des pouvoirs qu'ils détiennent aujourd'hui. Dans bien des hôpitaux, les syndicats n'existaient pas. Chez les autres, il s'agissait de petits syndicats locaux qui, pour la plupart, ne comptaient qu'une faible proportion des employés de l'hôpital. Dans les hôpitaux francophones, une grande partie du personnel était composée de religieuses qui travaillaient quasi bénévolement. On peut constater ce fait en comparant le per diem d'un hôpital anglophone laïc (où il n'y avait pas de religieuses bénévoles) qui se chiffrait autour de 18,00 $ à celui d'un hôpital francophone catholique qui se situait dans les 10,00 $. À l'époque, le médecin chargeait deux dollars pour une consultation, à l'occasion trois et au plus dix, s'il s'agissait d'un grand spécialiste, ce qui, souvent, faisait l'objet de plaintes au Collège des médecins.

Puis l'assurance maladie

L'ère du bénévolat tirait à sa fin. Tout le monde, y compris le médecin, réclamait une meilleure rémunération pour son travail. Finies les heures de dévouement pour l'amour de Dieu et de son prochain. C'est ainsi que les médecins qui jusque-là soignaient par vocation et à peu de frais se mirent à réclamer un meilleur dédommagement pour leurs services. Dans la foulée socialisante des années 1960, l'État répondit à cette demande en mettant sur pied en 1966 un système d'assistance médicale qui fut le précurseur de l'assurance maladie. Il ressemblait à l'actuel *medicaid* américain. Ce système assurait des soins médicaux gratuits aux assistés sociaux et à leur famille (environ 8 % de la population).

Accord conditionnel

L'assurance maladie était à nos portes. Après moult discussions et sans jamais atteindre l'unanimité, la profession médicale se déclara d'accord sous certaines conditions avec le principe d'un système d'assurance maladie tel que proposé en 1964 par la Commission Hall, instituée par le gouvernement fédéral dirigé par John Diefenbaker. Le point de vue du Collège évolua avec le temps. Il énonça sa position formelle dans son mémoire à la Commission d'enquête sur la santé et le bien-être social (Commission Castonguay) en avril 1967. Le régime devrait posséder les caractéristiques suivantes, <u>notamment</u> :

1. *être accessible à tous;*
2. *assurer une protection complète contre les frais médicaux;*
3. *assurer une protection contre le coût des médicaments mais, avec ticket modérateur;*
4. *être universel, avec participation obligatoire des citoyens;*
5. *l'adhésion au régime devrait être facultative pour les médecins*
6. *être financé par une prime versée par l'assuré*
7. *la participation gouvernementale devrait prendre la forme d'une assistance totale ou partielle pour ceux qui sont incapables d'assumer le coût total ou partiel de cette prime.*

Les médecins craignaient que l'implication massive du gouvernement dans la santé n'interfère avec leur autonomie et leur indépendance dans la pratique de leur profession. Plusieurs avaient peur de l'arrivée des gros sabots de l'État dans leur cabinet. Ils voulaient participer, mais sans ingérence de l'État, ce qui était contradictoire en soi. En résumé, ils étaient très inquiets. *Il ne faut jamais faire confiance à un gouvernement»* répétaient-ils à satiété. Ceux qui continuaient à s'opposer à l'implication de l'État passaient pour alarmistes et rétrogrades aux yeux des progressistes. Leurs discours étaient pourtant prophétiques. Trente-cinq ans plus tard, l'avenir leur donne raison. Il me semble entendre encore leurs voix.

Entre temps, soit en 1963 et 1965, les syndicats de médecins (FMOQ) et la Fédération des médecins spécialistes du Québec (FMSQ) virent le jour et se déclarèrent désormais les agents négociateurs avec le gouvernement, rôle que le Collège leur céda après énormément de résistance et avec une grande réticence, à des lieues de l'unanimité à laquelle certains avaient rêvé.

C'est dans un bon restaurant de Québec que le président du Collège, seul, se fit avoir par les présidents des fédérations et deux politiciens, René Lévesque et Éric Kierans, connus pour leur penchant syndical. Jean Lesage qui présidait le repas dut accepter le verdict. Après coup, les fédérations se vantèrent d'avoir obtenu à cette occasion le monopole de la représentation des médecins. Cette rencontre hantera le président du Collège pour le restant de ses jours.

Le diable est aux vaches

Les dernières années de la décennie 1960 se déroulèrent dans un climat survolté un peu partout dans le monde. Qui a oublié les manifestations contre la guerre du Vietnam chez nos voisins du Sud, et les événements de mai 1968 en France? Le Québec ne fit pas exception à cette explosion sociale : éclosion des mouvements séparatistes, manifestations monstres pour le respect du français, politisation et radicalisation du mouvement syndical, laïcisation des institutions d'enseignement et de santé, diminution fulgurante du pouvoir de l'Église, arrivée massive d'immigrants de toutes origines, montée du terrorisme personnifié par le FLQ (Front de libération du Québec), etc. Ce ne sont que quelques exemples du paysage social de l'époque.

Les derniers soubresauts de résistance

Au niveau politique, après une première poussée de la gauche sous le gouvernement libéral de Jean Lesage, suivit une accalmie avec l'élection d'un gouvernement de l'Union nationale. Elle fut de courte durée. Le décès prématuré de Daniel Johnson, père, mit fin aux espoirs de ceux qui espéraient un retour au bon sens et à des valeurs plus traditionnelles. Après quelques mois de cafouillage et de querelles intestines, l'Union nationale dut céder de nouveau le pouvoir aux libéraux de Robert Bourassa lors de l'élection d'avril 1970.

La gauche triomphait et reprenait le contrôle total de l'appareil gouvernemental. Les changements majeurs nouvellement institués dans le système de l'éducation allaient être coulés dans le béton. Il restait un secteur que l'État n'avait pas encore assujetti totalement : la santé. Ça ne devait pas tarder!

Le sempiternel débat fédéral-provincial

À la fin de 1965, le gouvernement provincial avait créé sa propre commission d'enquête sur la santé et les services sociaux présidée par Claude Castonguay. Cette dernière fut reconduite après l'élection de 1966 avec de légers changements dans son mandat et sa composition. La même année, utilisant son pouvoir constitutionnel de dépenser, le gouvernement fédéral adopta la loi canadienne d'assurance maladie offrant aux provinces de contribuer au remboursement approximatif de 50 % des frais encourus, selon la richesse de chaque province. Le Québec tarda à joindre les rangs, alléguant avec raison qu'il s'agissait d'une intrusion fédérale dans un domaine de compétence provinciale. Vu les enjeux monétaires imposants, la résistance finit par s'estomper.

À l'automne 1969, l'Union nationale créa la régie de l'assurance maladie du Québec (RAMQ), quelques mois avant les élections, qu'elle perdit. Par un concours de circonstance unique, l'actuaire Claude Castonguay, président de la Commission, devint le nouveau ministre de la santé chargé d'instaurer le régime d'assurance maladie. Les médecins, même les libéraux, connaissant les positions de Claude Castonguay, s'estimaient trahis par Robert Bourassa. Je fus témoin des tractations politiques pour empêcher, en vain, sa nomination. Ce qui devait arriver, arriva.

Monsieur Castonguay déposa son projet de loi en juin 1970. S'ensuivit une bataille épique entre les médecins et le gouvernement et entre les médecins et le monde syndical. Les médecins étaient malheureusement divisés idéologiquement. D'un côté, la FMOQ appuyait un régime totalement public sans surfacturation et avec paiement direct du médecin par la RAMQ tel que proposé par le gouvernement et la confrérie intersyndicale. Pour sa part, la FMSQ désirait conserver une certaine flexibilité du programme et l'indépendance du médecin par le biais de tarifications supplémentaires possibles et par le paiement direct par le patient subséquemment remboursé par le gouvernement. Cette division des forces médicales coûta très cher. Jamais le gouvernement n'aurait pu s'opposer aux demandes des médecins s'ils avaient été unis. La FMOQ s'est dissociée des spécialistes pour des raisons idéologiques et affairistes. À l'époque, les omnipraticiens (surtout ceux des villes) étaient considérés et traités comme des médecins de deuxième classe n'ayant généralement pas accès aux grands hôpitaux. Subitement le gouvernement leur conférait un statut d'égal à égal avec les spécialistes selon la nouvelle doctrine : «acte égal, tarif égal». Par exemple, le tarif de l'interprétation d'un électrocardiogramme était identique pour tout médecin, qu'il soit omnipraticien ou cardiologue. La FMOQ fut tellement contente qu'elle lâcha ses confrères spécialistes et fit bande à part pour la première fois. Ce ne sera pas la dernière... Ses intérêts mesquins et à courte vue avaient prévalu sur ceux de l'ensemble de la profession.

Une date : 1er novembre 1970

Après des discussions orageuses, le gouvernement fit son nid et adopta à la mi-juillet 1970 la loi de l'assurance maladie publique qui entra en vigueur le premier novembre 1970. Le gouvernement n'a jamais voulu accepter le paiement direct du patient à son médecin tel que l'exigeait la coutume et comme c'est généralement le cas dans les autres pays. Il refusa aussi la surfacturation (dépassement d'honoraires) et le ticket modérateur. Après des débats vigoureux et une tumultueuse grève des médecins spécialistes, en septembre et octobre 1970, il instaura plutôt un système de facturation des médecins à trois options. Les médecins pouvaient choisir de s'engager, de se désengager ou de ne pas participer au système.

Chez les médecins complètement affiliés au régime (99,5 %), le patient ne payait rien, le médecin facturait la RAMQ et obtenait un remboursement rapide. Dans le cas des médecins non participants, ils pouvaient continuer à charger les honoraires qu'ils voulaient aux patients qui ne pouvaient pas se faire rembourser par l'État. En ce qui concerne les médecins désengagés, ils remettaient une facture aux patients qui se faisaient rembourser par la Régie avant de payer le médecin. À cause des inconvénients importants de ces deux derniers modes de paiement, on comprend facilement pourquoi très peu de médecins ont choisi de se désengager ou de devenir non participants. Ceux qui s'étaient opposés le plus férocement au nouveau système de médecine étatique préférèrent quitter le Québec pour se rendre aux États-Unis ou dans d'autres provinces. Étant très mobiles, pour plusieurs raisons, ce furent en majorité des anglophones et des diplômés de l'extérieur du Canada qui partirent. La situation serait très différente aujourd'hui, car les médecins francophones sont de plus en plus bilingues et ont généralement en poche des certificats leur donnant facilement accès à l'exercice de la médecine ailleurs.

Il est à noter que dans la première version du projet de loi instituant le régime d'assurance maladie, il y avait une légère ouverture à un système de santé privé parallèle, moyennant certaines conditions. Sous la pression du front commun intersyndical, le projet de loi fut amendé afin d'éliminer cette possibilité. Les médecins savaient pertinemment qu'en devenant l'unique payeur, l'État prendrait, à plus ou moins brève échéance, le contrôle de la médecine en établissant des normes générales de pratique et des profils d'exercice. Ils étaient hésitants face à l'arrivée de l'assurance maladie parce qu'ils appréhendaient les tendances tentaculaires de l'État. Cependant, ils reconnaissaient que le système proposé était généralement avantageux sur le plan matériel pour le patient et pour eux.

De très nombreux médecins m'ont confié que l'assurance maladie leur avait permis d'atteindre une bonne sécurité financière. Pas de mauvaises créances, des honoraires bonifiés, des paiements rapides et une augmentation des consultations, voilà une recette quasi parfaite pour de bonnes entrées de fonds. Plusieurs virent leurs revenus monter en flèche. Ils n'avaient jamais fait autant d'argent! Ils appréhendaient la réaction de l'impôt. Avec raison, dans certains cas.

Néanmoins, d'autres systèmes, comme ceux des pays européens où le patient paie son médecin et se fait ensuite rembourser par l'état, auraient pu et dû être mis en place. Le médecin aurait gardé son indépendance, la justice sociale aurait été respectée et l'État y aurait trouvé son compte par la limitation d'abus de consommation tout en permettant l'instauration facile d'un ticket modérateur. Alors qu'à ce moment, l'instauration d'une telle mesure aurait été simple, aujourd'hui elle serait difficile à implanter, mais non impossible, tellement les mentalités ont changé. Un jour peut-être, quand les coûts auront explosé, faudra-t-il y recourir ?

Le médecin face à ces changements

Le médecin avait toujours établi ses tarifs directement avec son patient. Ses honoraires dépendaient de la complexité de chaque cas et de la capacité financière du patient. Près de trente pour cent des comptes restaient impayés. Le médecin était pratiquement au service des patients vingt-quatre heures sur vingt-quatre, toute l'année, laissant peu de place pour une vie privée, familiale et sociale. J'admets que c'était excessif. Aujourd'hui, c'est l'inverse. Certains acceptent le salariat pour jouir d'une meilleure qualité de vie. Pourtant, la médecine n'est ni une profession économique, ni une profession commerciale, c'est avant tout une profession sociale. En assumant directement tous les coûts des honoraires médicaux et en négociant avec les médecins des conventions collectives aussi détaillées qu'avec ses employés, l'État a progressivement fonctionnarisé la médecine. Ainsi telle chirurgie pratiquée entre huit heures et seize heures rapporte tel montant au médecin. La même opération, en soirée, durant la nuit ou pendant les jours fériés apporte une rétribution différente.

En viendra-t-on, si ce n'est déjà fait, à choisir le moment d'une intervention en fonction des dollars rapportés plutôt que selon l'état du patient? Par ailleurs, il ne faut pas oublier toutes les entraves administratives qui font en sorte que le médecin doive se battre pour faire admettre ses patients à l'hôpital, puis en salle d'opération, puis en centre de soins de longue durée, etc.

Malgré toutes ces embûches, nos médecins se comparent bien, tant sur le plan professionnel qu'humain, à ceux des autres pays. Ainsi lorsqu'ils s'installent ailleurs, ils y sont très bien accueillis.

Le rôle des syndicats dans ces changements

La mise en place de notre régime d'assurance maladie a été fortement influencée par cet historique front commun des syndicats CSN-FTQ-CEQ. La gauche fonctionnait à plein régime. Les autorités en place étaient contestées et les élites traditionnelles, dont les médecins, avaient perdu leur aura. Il régnait une atmosphère de lutte des classes. L'anarchie était à nos portes. Les pouvoirs avaient changé de mains et les odeurs de sainteté ne se trouvaient plus dans les églises mais dans les officines des bureaucrates et des technocrates de tout acabit. Il était bien imprudent de ne pas adhérer à ces nouvelles valeurs.

The sky is the limit

Il faut bien se rappeler que nous vivions alors une période de prospérité économique sans précédent que l'on croyait éternelle. L'État était riche et sans dette, ce qui amena la création de programmes sociaux très généreux qui changèrent les comportements. Les syndicats triomphaient. Ils venaient de faire entrer dans leur giron des centaines de milliers d'employés du secteur public et parapublic. Ils profitèrent goulûment du climat politique et social du début des années 1970. Ils feignirent parfois de céder durant les négociations avec le gouvernement mais, en réalité, ils partirent toujours avec la caisse.

Qui se rappelle encore de la promesse formelle de la CSN de ne jamais utiliser l'arme puissante de la grève dans les secteurs public et parapublic si le gouvernement acceptait la syndicalisation de ses employés? Les chefs syndicaux de l'époque m'ont eux-mêmes révélé que chaque grève avait été extrêmement payante et qu'ils ne pouvaient donc pas résister à l'utilisation de ce moyen extrême.

Prenons l'exemple de 1979. Le gouvernement péquiste se montra d'une très grande largesse envers ses employés lors du renouvellement des conventions collectives. Il a littéralement acheté leurs votes pour gagner le référendum de 1980 avec la connivence des chefs syndicaux. Survint peu après une terrible crise économique. Le gouvernement était acculé au mur. Il dut décréter unilatéralement une baisse rétroactive des salaires de ses employés. Ce fut la seule occasion où le gouvernement ne leur accorda pas le beurre et l'argent du beurre. René Lévesque s'était tenu debout, ce qui lui coûta ultérieurement son poste et la réélection de son parti. Belle reconnaissance!

L'union forcée du social avec le médical; la naissance des CLSC

Il y a toujours eu un lien entre le niveau de pauvreté et la santé. Dès le début, on aurait pu s'occuper différemment du problème de la pauvreté, en créant des incitatifs réels pour ceux qui sont aptes au travail, comme on commence à le faire aujourd'hui. Ceci aurait diminué le nombre des assistés sociaux et permis d'augmenter les allocations de ceux qui ont absolument besoin de l'aide de l'État particulièrement dans les grandes villes. L'État s'est tiré dans le pied en accordant des prestations généreuses à tous ceux qui refusaient de s'insérer dans le marché du travail sans raisons valables. Il a créé une culture de dépendance difficile à *éradiquer.*

En 1972, les politiciens et les technocrates ont imaginé une solution complexe, fonctionnarisée, coûteuse, bureaucratique et d'une efficacité douteuse pour traiter les problèmes sociaux et sanitaires. Ils ont décidé de marier dans un même établissement les services de santé et les services sociaux, une union contre nature, du moins à cette époque, surtout que les «*sociaux*» très nombreux tenaient les guides du pouvoir. Pourtant les hôpitaux commençaient à offrir les services de travailleurs sociaux, de psychologues et d'autres professionnels du domaine. Mais il fallait innover, quel qu'en soit le prix. À la suite d'un coup de baguette magique, sont nés ces organismes hybrides que sont les Centres locaux de services communautaires (CLSC). Ils furent vite infestés d'activistes de gauche à qui on offrait une planque inespérée. Certains étaient bien intentionnés. D'autres étaient des agitateurs professionnels payés par l'État pour faire mousser le socialisme et le séparatisme, le tout, sous un régime libéral.

Juste une anecdote pour illustrer ce fait. En 1976, un nouveau médecin d'origine étrangère exerçant dans un CLSC vint me voir pour m'informer de ce qui se tramait dans son établissement. Il n'osait pas m'en parler au téléphone, par crainte d'être entendu. Il était scandalisé. Un certain nombre, parmi les employés, étaient des organisateurs du Parti québécois. Ils faisaient campagne pour le candidat du P.Q. et tiraient à boulets rouges sur le député libéral du comté le docteur Robert Quenneville, qui, soit dit en passant, n'était pas un de mes amis. Ce dernier, alors ministre d'État à la santé, faisait le tour de la province pour promouvoir les CLSC pendant qu'on le couillonnait dans son comté de Joliette. Charitablement, je l'ai appelé pour l'avertir qu'il était torpillé chez lui. Il ne m'a pas cru. Bien évidemment, il s'est fait battre à plate couture lors des élections de novembre 1976 par... Guy Chevrette. Belle naïveté bien récompensée.

Le but visé et avoué était de créer une porte d'entrée unique dans le système de santé, comme c'est le cas dans les forces armées. On s'imaginait qu'avec le temps et plusieurs millions de dollars de publicité, les citoyens prendraient l'habitude de fréquenter les CLSC et délaisseraient les cliniques privées. On avait grandement sous-estimé l'intelligence des gens et la réaction des médecins. À tout seigneur, tout honneur. C'est la FMOQ qui mena la bataille contre les CLSC, particulièrement son président-fondateur, Gérard Hamel, qui sonna la charge. Son éditorial dans *Le médecin du Québec* intitulé : *Les CLSC, une aventure à éviter,* indiqua la voie à suivre. Son texte était un petit bijou qui condamnait la pratique médicale en CLSC.

Il arriva cependant qu'à la fin de 1974, les quelques jeunes médecins socialistes qui travaillaient dans les CLSC voulurent former un syndicat indépendant. Le gouvernement qui chérissait les CLSC et désirait leur développement rapide favorisait l'indépendance de leurs médecins et ne les voulaient pas sous l'aile protectrice ou sous la tutelle de la FMOQ. S'ensuivit une bonne bataille dont est capable la FMOQ quand son monopole syndical est menacé. Début de 1975, il y eut contestation musclée, jusqu'à ce le gouvernement cède, devant le chantage de la FMOQ.

L'intérêt public est-il bien défendu quand l'État s'écrase devant un syndicat, quel qu'il soit?

Dès que le nouveau syndicat des médecins de CLSC devint une composante de la FMOQ, cette dernière fut coincée. Elle ne pouvait faire la guerre à ses membres qu'elle représentait dorénavant. Elle accepta de se museler sur la fameuse *aventure à éviter.* La préservation du tout puissant monopole syndical transcendait tous les principes et toutes les objections.

À cause de leur lourdeur bureaucratique et de leur « enfargement » administratif chronique, les CLSC s'avérèrent tout à fait impuissants à entrer en compétition avec le secteur privé. Au début, le recrutement des médecins dans ces établissements gouvernementaux fut très difficile. Seuls, s'y sont inscrits, quelques médecins idéalistes, adeptes d'une meilleure qualité de vie personnelle et capables d'accepter de travailler sous la tutelle des groupes sociaux.

Trente ans plus tard, malgré des campagnes de promotion répétées à grands frais et l'augmentation fulgurante des budgets alloués, les CLSC n'ont pas réussi à attirer beaucoup de malades, à juste titre, même si certains de leurs services tels les soins à domicile sont de bonne qualité, mais hors de prix.

Cependant, les temps changent. De plus en plus de médecins, jeunes et moins jeunes, des femmes surtout, sont attirés par la pratique en CLSC à cause des conditions de travail extraordinaires qu'ils ne pourraient jamais espérer obtenir en pratique privée et ce, à l'abri de tout risque financier. Comme planque, c'est difficile à battre. Le gouvernement

51

n'a pas lésiné à piger dans son bas de laine, même s'il est presque vide, pour atteindre ses fins.

«Patience et longueur de temps font plus que force et que rage» est un adage que j'ai souvent entendu. Les planificateurs initiaux du gouvernement ont fréquenté les mêmes écoles que moi. En mettant sur pied les CLSC, ils ont misé sur le temps et... l'argent. Presque 30 ans de publicité bien orchestrée, de slogans, de panneaux routiers, de colloques, de congrès, de compagnonnage avec les politiciens de tout niveau, de fonds de développement local etc., ont fait connaître les CLSC.

Seule contrariété, le manque de médecins. La FMOQ a oublié la mise en garde de son premier président. Avec la complicité du gouvernement qui rêve de transformer les médecins en fonctionnaires, elle a conclu des ententes tellement fantastiques pour les médecins en CLSC qu'elle a gâté beaucoup de jeunes médecins qui boudent maintenant les cabinets privés et ne veulent rien y investir. On a acheté littéralement ces médecins. On prétend manquer d'omnipraticiens alors que depuis quelques années à peine plusieurs CLSC en ont embauchés des centaines. Sait-on compter à Québec ? Est-on capable d'établir un rapport coût / bénéfice ? À moins que l'argent ne soit pas une considération importante.

Le problème majeur des CLSC est leur coût de fonctionnement. Un service médical offert en CLSC coûte en moyenne 4 fois plus cher que celui dispensé dans le privé. Il est illogique et irrationnel d'augmenter les enveloppes budgétaires des CLSC alors que ces argents devraient être attribués aux hôpitaux. Seuls, quelques CLSC oeuvrant dans des milieux dépourvus d'effectifs médicaux ont réellement leur raison d'être. Encore faudrait-il qu'ils subissent une cure sévère de désintoxication bureaucratique! Nous sommes encore bien loin de la coupe aux lèvres.

Dans les petites municipalités, les CLSC constituent souvent un apport important à l'économie locale. Depuis peu, ils s'impliquent et s'imbriquent de plus en plus dans d'autres secteurs d'activité comme les soins à domicile et les Centres hospitaliers de soins de longue durée (CHSLD) qui sont en train de devenir leur planche de salut. Attendons-nous à payer encore plus. Ce qui ne devrait pas nous surprendre avec des gouvernants qui n'ont appris à compter qu'en terme de nombre de votes.

Finies, les folies!

Le milieu des années 1980 a marqué l'arrêt des largesses gouvernementales. On ne peut même pas imputer le crédit de ce virage aux politiciens. Ils n'avaient plus le choix, l'endettement exagéré menaçant la survie même de l'État. Il n'était plus possible de cumuler les déficits en devant emprunter pour payer les dépenses courantes de fonctionnement. Les gouvernements ont dû prendre des mesures draconiennes pour réduire les dépenses. Les citoyens durent payer la note et avaler la pilule. Par exemple, les personnes âgées un peu fortunées, se virent injustement pénalisées par les coupures des rentes de retraite du régime prétendument universel de pension du Canada auquel elles avaient pourtant contribué toute leur vie.

Face à un déficit monstrueux, le fédéral décida de couper dans les transferts aux provinces, les provinces, dans les transferts aux municipalités et ces dernières n'eurent d'autres choix que de refiler une partie de la facture aux citoyens. Ceux-ci furent les grands perdants et ce, de deux manières. Ils subirent d'importantes pertes de services et se virent imposer de nouvelles charges fiscales plus grandes. C'est ainsi que les gouvernements atteignirent finalement le déficit zéro et même réussirent à dégager des surplus, dans le cas du fédéral. Reste encore à s'attaquer à la dette dont les intérêts représentent un très lourd fardeau.

En toute logique, pour éviter de retomber dans la spirale des déficits, il ne faut plus augmenter les dépenses gouvernementales, particulièrement dans les domaines de la santé et de l'éducation, qui représentent à elles seules, les 2/3 de toutes les dépenses de l'État, tout en pensant donner du lest aux citoyens qui croulent sous les taxes et les impôts.

Il faudra déréglementer et surtout sabrer dans les dépenses administratives, car il est inacceptable que le budget de la santé franchisse la barre des 40 % du budget total de la province. En réalité, ce budget ne devrait représenter, au grand maximum, que 33 % du budget de l'État. Compte tenu principalement du vieillissement de la population, cet objectif ne pourra être atteint tant et aussi longtemps que l'on ne permettra pas un partenariat avec le privé et une optimisation du travail des employés de l'État. Ajouter des milliards et des milliards sans réformer les structures est pur gaspillage. Un remède de cheval est de rigueur.

Espoir ultime

Il faudrait donc qu'un parti politique réalise l'ampleur du problème actuel et pose les gestes nécessaires pour réduire les dépenses. Ce sera dur. Il faudra beaucoup de courage pour affronter *l'establishment* syndical et les médias d'obédience socialiste. Réduire la main-d'œuvre, changer des structures et des habitudes, instaurer des moyens pour freiner la consommation non essentielle et ouvrir le système à une participation significative du privé représentent les meilleures solutions pour ramener les dépenses à une plus juste proportion.

Vache sacrée, quand tu nous tiens!
Les mythes

L'œuvre vaut plus que la formule.
Francis Carco

Premier mythe
L'étatisation de la santé est la solution unique à tous les problèmes

Contrairement à l'entreprise privée qui doit absolument faire des profits pour assurer sa survie, l'État peut gérer différentes sphères d'activité sans cette contrainte. Plusieurs concluent, injustement, que l'étatisation protège le public contre les méchants capitalistes. Ils oublient que, quel que soit le gestionnaire, qu'il soit privé ou public, il y aura toujours des individus ou des groupes qui défendront leurs intérêts particuliers plutôt que ceux de la collectivité, et qu'en bout de ligne quelqu'un devra payer la note.

Dans le secteur privé, la loi de l'offre et de la demande régira généralement les prix et services. Si quelqu'un demande trop cher pour ses produits ou services, en arrivera un autre, avec des prix inférieurs vers qui les clients se dirigeront. Dans le domaine médical, nous en avons eu la démonstration quand un groupe d'ophtalmologistes venant, d'une autre province, s'est installé au Québec en annonçant de meilleurs prix pour la correction de la myopie par le laser. Les ophtalmologistes québécois n'ont eu d'autre choix que de baisser leurs prix pour contrer cette concurrence normale dont l'effet bénéfique fut de garder les coûts les plus bas possibles.

Tel n'est pas le cas dans le secteur public où le gouvernement jouit du pouvoir de taxation et ne peut quasiment pas faire faillite.

Cependant, c'est déjà arrivé. Les lois du marché ne s'appliquent donc pas. Les gouvernements peuvent ainsi se permettre des écarts de conduite pour favoriser leur idéologie et... leurs petits amis. Ainsi, tous les avantages sociaux et financiers que les syndicats ont négociés pour leurs membres étaient-ils vraiment dans l'intérêt du public ? Comment expliquer l'augmentation vertigineuse du nombre de bureaucrates, la création de commissions, conseils, instituts et régies de toutes sortes qui assurent la prospérité des amis du régime ? Que penser de cette tendance à recourir régulièrement à des consultants ou à des sous-traitants qui s'emplissent allègrement les poches ? Le contrôle des dépenses du gouvernement est devenu très difficile à cause de son gigantisme et de la filouterie des politiciens. Les rapports du vérificateur général de tous les gouvernements le démontrent avec éloquence.

L'étatisation est bien loin d'avoir réglé tous les problèmes dans le merveilleux monde de la santé. Tout au plus les a-t-elle déplacés vers des structures dont la complexité transforme toute tentative de correction, en solutions temporaires de rafistolage qui, elles-mêmes, contribuent à alourdir le système.

Il faut être bien optimiste ou encore naïf pour espérer voir un jour un gouvernement qui aura le courage politique de sabrer dans cette tour de Babel dans laquelle nous sommes enfermés. Par quel geste démocratique (oserais-je dire *action*), pourrait-on espérer l'arrivée d'un sauveur, d'un libérateur ?

Deuxième mythe
La gratuité des services

Le gros bon sens nous enseigne que rien n'est gratuit. Nos élites politiques se gargarisent pourtant du terme gratuité en parlant des soins de santé. Ne pas recevoir de compte ne signifie pas l'absence de coûts. Le Québec va dépenser en 2002-2003 presque 18 milliards de dollars pour les services de santé et les services sociaux, ce qui correspond à plus de 40 % du budget de la province. Ce n'est pas facile de comparer les budgets d'une province à l'autre, et encore moins, d'un pays à l'autre parce que la comptabilisation des dépenses varie. Vous savez ce que les comptables peuvent faire avec les chiffres ! Les politiciens ont également plusieurs tours dans leur sac. Imaginez alors un ministre comptable! Tous les chiffres et pourcentages qui circulent doivent être examinés avec circonspection.

Presque tous les argents dépensés en santé transitent via le fonds consolidé de la province qui les reçoit du gouvernement fédéral par le biais :
- ➢ de la péréquation,
- ➢ des paiements de transfert
- ➢ des paiements liquides

Le fonds consolidé récolte le reste de son argent des citoyens qui paient des taxes et des impôts. Hélas! Pratiquement 44 % des contribuables ne paient aucun impôt parce que leurs revenus sont très bas. Leur pouvoir d'achat étant aussi limité, ils paient également peu de taxes. Ce qui revient à dire que le budget de la santé et des services sociaux est financé par 56 % des contribuables. La part de chacun varie en fonction de son revenu, grâce au tour de magie de Jacques Parizeau que j'expliquerai plus loin. Les politiciens refusent d'en parler, jugeant que ce n'est pas politiquement rentable. Seul 9 % de l'argent provient de contributions des usagers et de diverses autres sources.

Les taux d'imposition sont très progressifs. Plus votre revenu est élevé, plus vous payez d'impôts. Prenons un seul exemple. Si votre revenu imposable est de 60 000 $, vous payerez à peu près 15 000 $ d'impôt provincial. La portion de ce montant affecté aux dépenses de la santé avoisine les 6 000 $ (15 000 $ X 40 %). À ce montant, vous devez ajouter votre part payée au gouvernement fédéral et la part de toutes les taxes payées durant l'année ! Ces chiffres sont approximatifs et n'incluent pas vos dépenses privées en santé.

Demandez-vous maintenant quelle couverture d'assurance maladie vous obtiendriez avec une prime d'un tel montant ? Est-ce que vous seriez sur une liste d'attente pendant 6 mois ou un an avant d'être opéré ? Comparez cette police d'assurance avec une semblable aux États-

Unis. Vous allez vite constater que vous payez très, très cher, eu égard aux services reçus. Il y a des explications à ces montants excessifs. Mais rien ne justifie le gaspillage et la mauvaise gestion de notre système de santé! Il est à l'image de nos gouvernements arrogants et dépensiers.

On peut aussi mesurer les dépenses publiques de santé en fonction du PIB (Produit intérieur brut), c'est à dire notre richesse collective. Étant donné nos dépenses énormes, surtout récemment, quand on se compare avec d'autres pays ou provinces, on se retrouve dans le peloton du haut parce que nous sommes relativement pauvres et sommes bien partis pour le demeurer éternellement.

Calculons maintenant nos dépenses publiques de santé *per capita* ou par personne ? Là, c'est préoccupant. Nous nous retrouvons dans les derniers rangs au Canada. Pas moyen de blâmer les autres, surtout le fédéral, car l'allocation des dépenses de santé repose entièrement entre les mains du gouvernement provincial. Comment expliquer cette position peu enviable ? C'est en très grande partie dû à la faible rémunération des médecins québécois dont les revenus sont en moyenne plus de 35 % inférieurs à ceux de leurs confrères des autres provinces du Canada. Pas surprenant que certains médecins commencent à ruer dans les brancards.

En résumé, les services de santé sont loin d'être gratuits. Ils coûtent même très cher. Les argents sont mal gérés et mal distribués. Une oligarchie de politiciens et de technocrates en portent la responsabilité. Quand allons-nous leur signaler l'exit final ?

Troisième mythe
Le spectre de la médecine privée

C'est l'habitude au Québec de parler du spectre de la médecine privée et d'ajouter immédiatement médecine à deux vitesses. Calmez-vous socialistes, technocrates et politiciens arrivistes! Cet épouvantail ne fait plus peur à personne. Ironiquement, la médecine opère actuellement à deux vitesses. Il y a d'abord le « reculons » par ses quotas, ses coupures, ses diminutions de services et de personnel qui se traduisent par une accessibilité de plus en plus restreinte au système. Puis il y a la position « neutre » que les professionnels de la santé réussissent à maintenir non sans des efforts, souvent titanesques, le pied sur les freins, de crainte de se mettre à reculer. Paradoxalement, ces deux vitesses n'inquiètent pas les gouvernements. Ce qui les fait blêmir et frémir est l'instauration ne serait-ce que d'un embryon d'une médecine privée. Insidieusement cette dernière fait son entrée pour répondre aux besoins de plus en plus pressants des malades. Le vieillissement de la population et les nouvelles technologies ne feront qu'accroître ces besoins.

Quand on est malade, on veut des soins tout de suite, pas dans 6 mois, encore moins dans un an. On essaie donc de les obtenir. Deux scénarios existent déjà. Il y a les privilégiés, incluant les politiciens, ayant un parent ou ami dans le système médical qui auront accès aux soins plus rapidement. Puis il y a les autres, qui paieront pour aller se faire opérer dans une clinique entièrement privée ou dans un pays étranger. C'est déjà le cas en ophtalmologie, en orthopédie et en radiologie, et il est fort à parier que cette utilisation des services privés ira en augmentant, car elle correspond à des besoins criants. Ceux qui s'inscrivent dans les cliniques privées libèrent les listes d'attente du secteur public. Pourquoi leur en veut-on ? Le patient du secteur public sera le premier à en profiter.

Sachant pertinemment que le secteur privé ne se syndicalise pas aussi facilement que le secteur public, les syndicats s'opposent à une mesure qui va à l'encontre de leurs intérêts les plus mesquins. Une perte de quelques membres est toujours apocalyptique pour eux. Le deuxième obstacle à une ouverture au secteur privé tient à l'état d'esprit même des gouvernants qui, viscéralement, souhaitent le statu quo et craignent des débats qui risquent de nuire à leur popularité. Alors, plutôt que de devoir se compromettre, ils tolèrent le trafic d'influence et la privatisation subtile. Il faut aussi ajouter tous les idéologues de gauche pour qui l'égalitarisme total est une religion. Tout le monde pareil. Ne changez pas d'idée! N'évoluez surtout pas ! « *Avancez en arrière!* » comme disait autrefois le conducteur d'autobus. Surtout, ne bougez plus, restez en arrière, ne changez jamais de direction. Virage à droite interdit.

Quatrième mythe
Nous avons le meilleur système de santé

La propagande et l'endoctrinement en ont fait un dogme jusqu'à ce que les salles d'urgence se mettent à déborder et les listes d'attente à se gonfler honteusement. Mais il fallait bien se vanter. La visite de la plus petite délégation étrangère, accueillie par le MSSSQ, était immédiatement médiatisée. Il est vrai que plusieurs observateurs internationaux sont venus au Québec. Ont-ils, pour autant, implanté notre système, nos CLSC, et nos Régies régionales dans leurs pays? Le gros bon sens de leurs dirigeants a prévalu sur leur enthousiasme initial. Il faudrait être vraiment niais et dépourvu pour acheter notre salade plutôt indigeste.

Il est difficile de définir un système de santé idéal. Aucun système de santé n'est identique, chacun ayant ses particularités. En principe, notre système garantit une accessibilité totale à tous les soins dont les coûts augmentent sans cesse. Notre niveau d'endettement et la capacité de payer des citoyens vont bientôt avoir raison des idées généreuses qui prévalaient il y a trente-cinq ans. L'accessibilité aux soins se détériore constamment. C'était prévisible, puisque nous avons diminué les ressources tout en sachant que les besoins allaient en croissant. Un tel rationnement des services, en vigueur depuis plusieurs années, suscite la grogne dans la population. Le prétendu *meilleur système de santé au monde* en prend pour son rhume. Vite un sinapisme ou, dit en québécois, une mouche de moutarde, remède préféré de ma mère.

Cinquième mythe
Le fédéral doit financer le système de santé à 50 %

Le gouvernement fédéral n'a pas l'autorité constitutionnelle d'administrer ou de réglementer la fourniture des soins de santé. Le pouvoir de dépenser que lui attribue la Constitution lui permet cependant d'initier des projets nationaux et d'offrir une participation financière aux provinces qui acceptent ses conditions. C'est ainsi que sont nées l'assurance hospitalisation et l'assurance maladie. Pour faciliter le démarrage de ces programmes, le gouvernement fédéral s'est engagé par la loi à payer 50 % de l'ensemble de leurs coûts annuels, la part assumée par chaque province variant selon sa richesse. Des problèmes sont survenus avec le temps. Ni le fédéral, ni les provinces n'étaient satisfaits. D'autant plus que la facture augmentait à une vitesse inquiétante.

Lors de la crise économique de 1977, le gouvernement fédéral décida de ralentir l'escalade des coûts, conscient qu'il n'avait aucune autorité sur l'administration des services. Les programmes étaient bien implantés et leur survie, assurée. Le gouvernement canadien a alors aboli les contraintes de la formule initiale des frais partagés. Il l'a remplacée par un mode de financement global au moyen de transfert de points d'impôts, de paiement de péréquation et d'argent comptant pour les programmes d'assurance hospitalisation et d'assurance maladie. Il a aussi ajouté des subventions pour certains programmes bien identifiés. Des modifications mineures à cette méthode de financement ont été effectuées à plusieurs reprises par la suite. C'est devenu le Transfert Canadien en matière de Santé et de Programmes Sociaux (TCSPS).

Le gouvernement fédéral n'a donc aucune obligation de financer à 50 % tous les coûts de la santé. Ce n'est que pour assurer un bon départ à ces régimes (assurance hospitalisation et assurance maladie) qu'il s'est engagé à les financer à 50 %, au début. Tous les autres services sont à la charge exclusive des gouvernements provinciaux qui les financent selon leurs priorités.

Le fédéral défraie actuellement 14 % des coûts de santé en paiement comptant et autour de 16 % sous forme de paiement de transfert et de péréquation, soit environ 30 % des coûts totaux, en incluant tous les fonds spéciaux. Ces chiffres varient d'année en année. C'est loin de ce que disent la propagande et la rhétorique belliqueuse du gouvernement du Québec. Le TCSPS est-il suffisant ?

Ceux qui ne paient rien diront non. Ceux qui gouvernent doivent se rappeler que l'argent, qu'il provienne du fédéral ou du provincial, est toujours puisé dans les poches à moitié vides du citoyen, payeur d'impôts, qui sait très bien d'où vient cet argent. On le saigne à blanc pendant que les politiciens font la noce.

Est-il utopique de penser que le gouvernement fédéral puisse se retirer totalement du champ de la santé et qu'il fournisse à la province les outils pour recueillir les sommes équivalentes à ce qu'il verse ? Trop beau pour se matérialiser. Les politiciens provinciaux perdraient leur bouc émissaire préféré, sans compter que la majorité des citoyens verraient leur fardeau fiscal s'alourdir.

Sixième mythe
Il faut régulièrement réinjecter de l'argent dans le système pour l'améliorer

Les commissions d'enquête sur la santé se sont multipliées ces dernières années. Financées à grands frais par les gouvernements, tant fédéral que provincial, elles n'arrivent certainement pas à pécher par excès d'originalité quand elles accouchent enfin de solutions. Encore et toujours, on nous sert l'acte de foi inconditionnel envers un système public unique de plus en plus gourmand et hors contrôle. Selon elles, il faudrait consentir aveuglément à une augmentation annuelle de plus de 5 % des budgets de la santé *ad vitam aeternam*! Autrement dit : «*Mettons et remettons de l'argent dans le système et il finira par fonctionner.*» J'ai le goût d'ajouter, à l'instar de Raymond Lévesque : «*Mais nous, nous serons morts, mon frère.*» Un tel raisonnement mène infailliblement à la ruine.

Permettez-moi de décerner une note personnelle à chaque président de ces commissions : Romanow : 0; Kirby : 3 et Clair : 6, surtout parce qu'il a eu l'audace de suggérer, avec beaucoup de lucidité, un partenariat privé-public et des changements dans les modèles de distribution des services.

Il n'est pas inutile de répéter qu'au Québec, environ 44 % des gens ne paient pas d'impôts étant donné leurs revenus trop faibles. Est-il acceptable ou même pensable d'accroître le fardeau fiscal des 56 %

restants, fardeau déjà jugé excessif ? Prend-on les payeurs de taxes et d'impôts pour des vaches à lait ? Même les vaches ont des limites. Quand leurs mamelles sont pleines, n'essayez pas d'en rajouter!

À mon avis, il y a déjà assez d'argent en santé; 40 % des dépenses gouvernementales, c'est trop! Idéalement ça ne devrait pas dépasser le tiers du budget. Il faudrait plutôt changer l'organisation même du système, les structures, améliorer la productivité en affermissant les contrôles et, pourquoi pas, laisser tomber les mythes et les dogmes en permettant l'accès à un système privé complémentaire pour ceux qui le désirent... La liberté de choisir ses soins est-elle disparue à jamais ? Vache sacrée, quand tu nous tiens !

L'État prend le contrôle

Les longues lois sont des calamités publiques
Saint-Just

Si vous voulez rendre compliqué quelque chose de simple, mettez-le dans les mains de l'État et faites-le administrer par des fonctionnaires, quelles que soient leurs bonnes intentions, surtout au Québec! Mais, gare à la facture! Elle sera salée et bien poivrée. Quelquefois très difficile à digérer!

Euphorie initiale

L'instauration du régime d'assurance hospitalisation fit consensus. Les coûts initiaux apparurent raisonnables. En 1961, le régime coûta en tout 140 millions de dollars au trésor public. Cette somme représente aujourd'hui le budget d'un seul hôpital moyen. Quelle escalade! Quant à l'assurance maladie, la résistance des médecins fut beaucoup plus grande. L'opposition musclée des médecins spécialistes à certaines modalités fut vaincue par des lois spéciales forçant leur retour au travail et bonifiant considérablement leurs honoraires. Utilisant la méthode classique du bâton et de la carotte, le gouvernement acheta une certaine paix. Si bien qu'avant le milieu des années 1970, les médecins spécialistes du Québec étaient les mieux rémunérés du Canada. Cette situation les gênait tellement qu'ils omirent de négocier des augmentations pendant plusieurs années.

Cela explique, en partie, qu'aujourd'hui ils occupent la queue du peloton. Il convient de rappeler qu'à cette époque, les gouvernements fédéral et provincial n'avaient presque pas de dettes, que les taxes et les impôts étaient plutôt raisonnables et qu'on était en pleine période de

65

prospérité économique qui nous plongeait dans une béate euphorie. Le choc pétrolier de 1973 sonna la fin de la récréation.

Suite à des promesses inconsidérées et à des engagements démesurés, le gouvernement du Québec ne pouvait plus équilibrer son budget. Il commença à emprunter et à essayer de limiter ses dépenses publiques. C'était sans compter sur la rapacité des appétits qu'il avait lui-même aiguisés dans des domaines comme l'éducation, la santé et dans la fonction publique. Les administrateurs d'hôpitaux, par exemple, se comportaient comme des marins en goguette et dépensaient sans compter, sachant fort bien que le gouvernement, comme d'habitude, allait régler la facture à la fin de l'exercice financier et ce, sans poser trop de questions.

C'est à ce moment que Claude Forget, le nouveau ministre de la santé et des services sociaux du gouvernement libéral, instaura des contrôles plus sévères des budgets hospitaliers. Avec raison, il voulait ainsi mettre fin au régime du *bar ouvert*. À peine sa bataille entamée, l'élection de novembre 1976 le relégua sur les bancs de l'opposition. Son courage avait nui considérablement à son parti, en plus de plusieurs erreurs majeures de son premier ministre.

Je m'en souviens très bien puisque je suis alors passé à un cheveu d'être candidat du Parti québécois à la demande de René Lévesque lui-même. Il m'avait même proposé trois comtés sûrs du centre-est de Montréal qui sont demeurés des forteresses péquistes. Ce tête à tête de deux heures est resté gravé dans ma mémoire. Lui ayant dit que j'étais très nationaliste, mais que je n'étais pas prêt à accepter la séparation du Québec d'avec le Canada sans connaître les coûts de l'opération, il me répliqua sans sourciller que cela n'était pas important et que de toute façon il n'en serait pas question durant la campagne électorale. Tout ce qu'il me demandait, c'était de ne pas parler de ce sujet. J'étais surpris. Je raisonnais comme un terrien, un vrai Beauceron pratico-pratique. Il me fallait des preuves. Ma mère m'avait toujours dit qu'il ne fallait jamais se départir de son *butin* sans connaître exactement ce qu'on recevait en retour.

Néanmoins, l'offre de René Lévesque m'attirait. J'avais le goût de faire des choses dans le domaine de la santé où il y avait déjà beaucoup de problèmes.

René Lévesque ne croyait pas gagner l'élection au début d'octobre 1976. Il espérait seulement constituer une très forte opposition. Il comptait sur quelques noms connus tel notre ami commun Robert Cliche, pour augmenter son pourcentage de votes. J'étais ambivalent. C'est qu'ainsi qu'après ce déjeuner à *La Lucarne*, dans Outremont, et un deuxième appel de René Lévesque, je communiquai avec Robert pour savoir s'il se présentait. «*Non*», me dit-il. «*Et moi, qu'est-ce que tu me suggères ?*» «*Reste où tu es.*» fut sa réponse. C'est ainsi que se termina ma première tentation politique. C'est avec un intérêt particulier que j'ai suivi le déroulement de cette élection. René Lévesque a suivi à la lettre le programme dont il m'avait fait part, tandis que Robert Bourassa a multiplié les bévues.

C'est la seule fois où j'ai voté PQ et applaudi à sa victoire. René Lévesque était un homme modéré qui ne m'inspirait aucune crainte. Aurais-je été à l'aise dans un parti de gauche ? J'en doute!

On racle les fonds de tiroir

Le nouveau gouvernement devait faire face à la dure réalité de la crise des finances publiques qui ne faisait que commencer. Plein de bonnes intentions, comme tout débutant, il ne pouvait se permettre d'alimenter les panses de ses amis socialistes. Dans un premier temps, il fit porter le gros de ses efforts sur la passation de lois qui ne devaient pas coûter très cher au trésor public. Rappelons-nous les grands débats entourant l'adoption de la Charte de la langue française (Loi 101) en 1977, la Loi sur le zonage des terres agricoles, etc.

Souvenons-nous aussi des prestations magistrales de Jacques Parizeau, alors ministre des finances. Tout le monde applaudissait, même quand il augmentait les taxes. Il s'était mis à gratter les fonds de tiroirs, disait-il. Il avait besoin d'argent. Un mot sur le vol du siècle. Pardon! Le premier vol du siècle, car il y en eut d'autres après. Lors du dépôt de son budget de 1978, il fit apparaître, comme par magie, un beau 138 millions de dollars. D'où venait ce pactole ? C'était le surplus accumulé de la Régie de l'assurance maladie du Québec (RAMQ) qui provenait essentiellement de trois sources : un montant statutaire annuel du gouvernement fédéral, les cotisations des employeurs au régime et les primes obligatoires de chaque citoyen, sauf pour les plus pauvres.

Par un truc de prestidigitation digne des meilleurs magiciens, Jacques Parizeau décréta que dorénavant l'assurance maladie serait financée directement à partir des impôts et que le régime des primes était aboli. Cette mesure, bien reçue par le bon peuple en liesse, fut un véritable cadeau de Grec puisque non seulement il reprenait d'une main ce qu'il avait donné de l'autre mais devenait libre de piger ou non les sommes qu'il désirait, quand cela lui plaisait, dans le fonds consolidé de la province. Finie, la transparence! Le Prince n'aimait pas les primes. Ce n'était pas assez progressif. Il fallait saigner encore plus les soi-disant nantis, même ses propres parents.

Comme aujourd'hui, je le répète, 44 % des gens ne paient pas d'impôts, ce sont les 56 % restants qui assument pratiquement à eux seuls tout le financement des soins de santé. Très belle réussite. Il savait ce qu'il faisait. Tout était bien planifié. Il transformait le régime d'assurance maladie en un régime de redistribution des revenus.

Le président de la Régie de l'assurance maladie d'alors, le docteur Martin Laberge, eut beau faire part de son mécontentement, rien n'y fit. Il était furieux. Car il réalisait que la RAMQ venait de perdre l'autonomie qui lui avait été garantie par le gouvernement lors de sa création. La non-ingérence politique avait été aussi une exigence de la profession médicale. Depuis lors, les dépenses découlant de l'assurance maladie sont défrayées à même les revenus généraux du gouvernement, si bien qu'il est très difficile de savoir précisément combien chacun paie pour la Santé. En enlevant les prélèvements de primes par la RAMQ, le gouvernement venait de franchir un autre pas : dorénavant elle était à la merci du bon vouloir de l'État qui s'en assurait le contrôle total. Son budget de fonctionnement dépendrait dès lors des priorités du moment. Peu surprenant que les médecins du Québec soient aujourd'hui les moins bien payés du Canada et que les dépenses de santé per capita soient aussi les plus basses! Nous vivons maintenant les conséquences néfastes des décisions d'autrefois. Le pire est à venir.

La profession médicale avait exigé que l'administration de la Régie de l'assurance maladie soit neutre, à l'abri de toute ingérence politique. C'était le cas durant les premières années du régime. Ce n'est plus vrai. Sans mettre en doute sa compétence, le président-directeur général de la RAMQ est maintenant, et ce depuis plusieurs années, une personne proche du gouvernement dont il exécute les commandes. La régie n'est plus un organisme totalement indépendant.

Érosion des libertés médicales individuelles

Le 4 septembre 1991, la *Loi sur les Services de santé et les services sociaux modifiant diverses dispositions législatives (Loi 120, 1991, chapitre 42)* remplaçait l'ancienne loi sur les services de santé et les services sociaux datant du 24 décembre 1971 (*Loi 65*).

Elle donnait suite à un bon nombre des recommandations du *Rapport de la commission d'enquête sur les services de santé et les services sociaux* présidée par le docteur Jean Rochon et déposé le 18 décembre 1987 au cabinet de Mme Thérèse Lavoie-Roux, alors ministre de la Santé et des Services sociaux.

Le rapport communément appelé *Rapport Rochon* fut accueilli plutôt froidement par la ministre qui demanda à ses experts de le réviser en plus de faire elle-même une tournée provinciale et de tenir des consultations avec le public et les membres du réseau.

Elle produisit sa réponse le 5 avril 1989 dans un document intitulé: *Orientations pour améliorer la santé et le bien-être au Québec*. Le 21 juin 1989, à la toute fin de la session, elle déposa deux avant-projets de loi dont l'un traitait de la légalisation de la pratique des sages-femmes et l'autre touchait la réforme de la santé. Mme Lavoie-Roux ne se présenta malheureusement pas aux élections générales qui suivirent quelques mois plus tard.

Après ces élections remportées par les libéraux, et à la surprise générale, la direction du ministère de la santé et des services sociaux fut confiée à Marc-Yvan Côté, anciennement au ministère des transports. Personne ne comprenait la motivation de Robert Bourassa. Pour les initiés et eux seulement, il devenait clair que le premier ministre avait décidé de mettre les médecins au pas. Le tempérament et le style bagarreur du nouveau ministre, communément appelé le *beu* de Matane, convenait parfaitement à la mission dont il venait d'hériter et laissait présager le pire. Militant depuis quelques années au Parti libéral du Québec, faute de mieux, je le connaissais personnellement. J'espérais pouvoir l'infléchir et lui faire prendre les bonnes décisions. Normalement, les politiciens comprennent mieux que les technocrates.

Surprise! Aussitôt en poste, il désigna M. Paul Lamarche, un haut fonctionnaire du ministère et un fidèle disciple du Dr Jean Rochon, comme responsable de la mise en application du rapport de son mentor et de la réforme complète de la loi sur la santé et les services sociaux. L'arrivée de ce technocrate attachant, brillant et homme de gauche convaincu m'inspira les pires appréhensions. Marc-Yvan Côté, que la population identifiait à tort comme un simple organisateur d'élections et comme un homme de droite, venait de réaliser un tour de passe-passe que personne n'avait anticipé. J'étais encore plus offusqué quand j'appris, de sources politiques sûres, que son patron, le premier ministre, lui avait donné un feu vert inconditionnel.

J'ai immédiatement sollicité une rencontre. Accompagné de deux de mes adjoints très versés en administration de la santé, je me suis rendu au bureau du ministre. La conversation a débuté sur un ton très amical en bavardant des dernières élections et de chasse. Voyant le temps passer, j'entrai dans le vif du sujet en faisant part à «Marc-Yvan» des réticences du Collège vis-à-vis des avant-projets de loi de Mme Lavoie-Roux, techniquement morts au feuilleton et lui demandant ce qu'il comptait faire de ceux-ci. Je m'attendais à la réponse classique de la mise sur les tablettes. D'autant plus que, privément, il m'avait avoué ne pas être en accord avec ces projets de loi. Imaginez alors ma stupéfaction d'apprendre qu'il instituerait immédiatement des commissions parlementaires pour en débattre. J'étais renversé. Malgré toutes mes explications et mes supplications, il me dit, sans équivoque, que son idée était faite et qu'il irait de l'avant. *«Comme ce ne sont pas mes projets de loi, je vais être libre de les modifier sans contrainte»* fut sa réplique finale. Le *beu* de Matane était déjà à l'œuvre et allait y demeurer pendant quatre infernales années.

Sa première année de règne fut consacrée à la tenue des commissions parlementaires promises et à la préparation d'un livre blanc sur la santé. Comble de l'insulte, il entra en communication avec Jean Rochon, alors en poste à l'Organisation mondiale de la santé (OMS) à Genève. Il alla même le rencontrer en Suisse. De son côté, Jean Rochon lui retournait l'ascenseur et lui rendit visite à Québec lors de ses voyages au Canada. Quel beau tandem! J'informai quelques députés libéraux de ce qui se passait. Tous m'avouèrent leur impuissance face au ministre omnipotent qui jouissait de l'appui sans équivoque du premier ministre. Essayez de comprendre ce qui se passe dans les coulisses de la politique. Pactiser avec l'adversaire est plus fréquent qu'on ne le croit.

Dès l'automne 1990, des fuites sur les intentions futures du ministre Côté ont commencé à circuler dans le milieu. J'avais même appris que la loi imposerait l'élaboration de plans d'effectifs médicaux régionaux, comptabilisant tous les médecins omnipraticiens et spécialistes, en établissement et en cabinet privé, ainsi que l'obligation pour les médecins de participer à des activités médicales particulières pendant un certain nombre d'années sous le contrôle des régies régionales. J'avais su que c'était la FMOQ qui avait, elle-même, tout bonnement, sans penser aux conséquences, fait état de cette piste de solution pour mettre fin à la pénurie d'omnipraticiens en salles d'urgence dans certains grands hôpitaux de Montréal (Hôtel-Dieu, Maisonneuve, Saint-Luc). Comme quoi, les problèmes actuels ne sont pas nouveaux.

Il y avait aussi une rumeur à l'effet que tout médecin d'un hôpital, sous peine de congédiement, devrait signer un contrat écrit dans lequel il s'engageait à respecter les obligations confiées par l'hôpital. Le ministre avait de plus menacé de faire disparaître les Conseils des médecins, dentistes et pharmaciens.

C'était une attaque en règle contre la profession. Estimant que ses membres ne pourraient pas être affectés par les élucubrations du ministre et que ce dernier n'oserait jamais les attaquer, la FMSQ se tint en retrait. Elle se fia à la FMOQ. Grave erreur! À moins d'avoir été de connivence sans qu'on ne le sache.

Je bouillonnais et n'osais croire ce que j'entendais. À la mi-octobre 1990, j'ai reçu un appel de Denis Lessard, journaliste de *La Presse*, qui me demandait si j'étais au courant des plans machiavéliques de Marc-Yvan Côté. Je lui confirmai que les rumeurs sur la certification des cabinets privés, la régionalisation des budgets de la RAMQ et les ententes de services étaient fondées. Hors de mes gonds, je fis une sortie en règle contre le gouvernement et enjoignis mes confrères médecins de monter aux barricades, ajoutant que les médecins ne se laisseraient pas conscrire. La réaction bureaucratique et *politicaly correct* de la FMOQ m'a profondément désappointé. *La Presse* du lendemain et du surlendemain (16 et 17 octobre 1990) rapporta l'événement fidèlement.

Cette mise en garde aux médecins, m'a valu des remarques publiques désobligeantes des présidents des deux fédérations médicales qui trouvaient mon discours inutilement alarmiste et prématuré. Ils préconisaient le calme. Je pensais avec nostalgie à la maxime classique : *Si vis pacem, para bellum,* qui m'a inspiré ma vie durant.

Sachant que je continuais à informer privément les médecins de ce qui se tramait à Québec et que je rugissais comme un lion en cage, ils m'invitèrent le 7 novembre 1990 à un déjeuner «d'affaires» dans un chic restaurant du centre ville. Je savais ce qui m'attendait.

D'entrée de jeu, ils me demandèrent de cesser mes critiques contre la réforme Côté dont ils endossaient les grandes orientations. Je nuisais à leurs négociations, prétendaient-ils. La discussion fut laborieuse et très longue. J'ai tenté en vain de les convaincre de l'erreur monumentale qu'ils étaient sur le point de commettre en acceptant le principe de la certification des cabinets privés des médecins. Je demeure persuadé qu'ils étaient de bonne foi mais aveugles. Ils croyaient bien naïvement que le projet du ministre solutionnerait l'éternel problème de la répartition des médecins en région et même à Montréal, où le recrutement des médecins dans les salles d'urgence devenait de plus en plus difficile. Tous savent que la pratique en salle d'urgence est très exigeante et, à l'époque était peu payante. Je suggérai à la FMOQ, comme je l'avais déjà fait de manière informelle, de négocier de meilleurs tarifs pour les médecins de salles d'urgence. Elle n'était pas prête à le faire parce qu'elle aurait été obligée d'abaisser les tarifs dans les cabinets privés. De son côté, le gouvernement refusait d'augmenter la masse monétaire des omnipraticiens.

Souvenons-nous qu'il n'y avait pas encore de spécialistes en médecine d'urgence, à cause de l'opposition virulente et disproportionnée de la FMOQ. Cette question serait longue à expliquer mais mériterait qu'elle soit connue. Vous devinez la raison sûrement. Comme tout bon syndicat, la FMOQ ne voulait pas perdre de membres, ni son monopole sur les salles d'urgences, et encore moins la masse monétaire allouée aux urgentologues.

En avril 1996, dix ans après la demande initiale de 1986, la spécialité de médecine d'urgence fut enfin reconnue, à la suite de très fortes pressions de l'Association des médecins d'urgence du Québec, du ministère de la Santé et des services sociaux, et surtout de l'Office des professions du Québec. L'opposition de la FMOQ a été féroce. En fait de magouille, ce ne fut pas piqué des vers. Tous les moyens ont été utilisés pour empêcher la reconnaissance de cette spécialité. Lors des élections de l'automne 1990 au Collège des médecins, alors que la moitié des postes d'administrateurs étaient en jeu, la FMOQ a même demandé à des médecins de briguer les suffrages pour être mieux placés pour défendre ses positions. Elle a fait campagne pour eux.

Plusieurs de ses partisans furent élus. Ils ont respecté les ordres de leur syndicat.

Il serait édifiant de connaître les dessous de cette épopée menée par de jeunes urgentologues visionnaires qui ne lâchèrent jamais, malgré le grenouillage de la FMOQ et de quelques-uns de ses ténors.

Après quatre heures de dialogue de sourds avec les deux présidents des fédérations médicales, je quittai le restaurant, la mine basse. J'avais l'impression que la profession était en train de se faire flouer par ses propres représentants. Je ne comprenais pas leur stratégie et ne l'accepte pas encore. On envoyait les médecins à l'abattoir. Pour éviter une lutte fratricide, par amour de ma profession et par souci de solidarité, j'acceptai, à leur demande expresse, de ne pas les contredire ni les combattre publiquement. J'étais malheureux, certain que l'avenir me donnerait raison.

Mon expérience politique, depuis ma jeunesse, m'a enseigné qu'il ne faut jamais se fier à un gouvernement. En pensant qu'il les aiderait à régler quelques problèmes pour lesquels il y avait d'autres solutions moins dommageables, les présidents des deux fédérations ont fait un mauvais calcul et se sont mis la corde au cou. Ils auraient eu besoin d'un spécialiste de l'œil pour corriger leur grave myopie.

Le ministre continuait son œuvre de dévastation. Le 7 décembre 1990, dans un spectacle à grand déploiement, organisé à prix fort par une grosse agence de publicité et baptisé le *Show de Charlesbourg*, il lança en grande pompe et en manches de chemise son livre blanc sur la santé intitulé (cyniquement et trompeusement) : *Une réforme axée sur le citoyen*. M'étant blessé quelques jours auparavant en abattant un arbre, je n'avais pu y assister. Fort heureusement, car c'était une véritable arnaque! Utiliser les sentiments des gens en leur laissant croire que, désormais ils deviendraient les priorités du système, relevait du cynisme le plus total. Malgré tout, il se trouva des innocents pour applaudir le ministre.

Treize ans ont passé. Des milliards de dollars ont été engloutis. Les lois ont été amendées plusieurs fois et les malades sont encore pris en otage. Nous vivons les mêmes problèmes. Les gouvernements prennent-ils les gens pour des idiots sans mémoire ? En novembre 2002, le ministre François Legault a fait la promesse qu'avec près de 2 milliards de dollars supplémentaires, le citoyen serait enfin bien traité. Il aurait dû ajouter : temporairement ? Si ça continue, on va tous mourir pauvres, siphonnés par les gouvernements, mais... peut-être en santé! Quand les gens d'affaires se lèveront-ils ?

Puis le funeste jour arriva. Le 10 décembre 1990, le projet de loi numéro 120 fut déposé. Les médecins mangeaient toute une dégelée! Tel qu'annoncé, le ministre les mettait au pas. Il avait reculé sur certains points, mais s'était repris sur d'autres. Les deux fédérations s'étaient fait rouler comme des enfants. Voici en résumé les points de ce projet qui affectaient les médecins. Ce texte a été préparé pour fin publicitaire et publié dans le numéro de mars 1991 du Bulletin de la Corporation professionnelle des médecins du Québec:

« La réforme projetée du système de santé annonce un virage technocratique sans précédent en Amérique du Nord. Tout en s'inspirant de louables objectifs d'équité, les changements radicaux appréhendés risquent de déstabiliser complètement la pratique de la médecine et de desservir les intérêts des malades à plus ou moins long terme.
Le citoyen doit s'inquiéter d'un projet de loi qui :
- *impose des mesures exorbitantes à l'égard d'une catégorie de citoyens, les médecins, en limitant leurs libertés d'installation, de mobilité et de choix de champs d'exercice;*
- *exclut la médecine de toute participation à l'organisation du système de santé;*
- *met en péril la relation médecin-patient, notamment au chapitre de la confidentialité, en permettant l'utilisation du dossier des patients à des fins autres que médicales. Le dossier médical risque ainsi de devenir un outil de planification et de gestion du système;*
- *galvaude le droit fondamental du malade de choisir son médecin traitant;*
- *confie aux régies régionales des pouvoirs excessifs et discrétionnaires, notamment en soumettant à l'autorité exclusive du directeur général*

l'organisation médicale de la région, la nomination, l'étendue de la tâche, de même que la révocation du statut d'un médecin;

- *place les conseils des médecins, dentistes et pharmaciens sous la tutelle des directeurs généraux d'établissements, faisant en sorte que le contrôle de l'exercice de la médecine et l'établissement des règles de soins seraient déterminés par des gestionnaires n'ayant ni la légitimité ni les connaissances pour ce faire;*

- *met en place des mesures draconiennes en ce qui concerne la répartition des effectifs médicaux, notamment :*
  - ➤ *en prévoyant l'inclusion des cabinets privés dans les plans d'effectifs médicaux;*
  - ➤ *en empêchant toute dérogation aux plans d'effectifs par l'imposition de lourdes pénalités aux établissements (ex. : gel des budgets de développement technologique);*
  - ➤ *en liant l'obtention des privilèges dans un établissement à la signature d'un contrat déterminant les tâches d'un médecin.*

Selon la Corporation, les plans d'effectifs médicaux, proposés par le gouvernement, ont été établis en fonction des normes ministérielles visant une répartition équitable des effectifs entre les régions, sans se préoccuper de la diversité des besoins de la population. Dans les faits, on «déshabille» Montréal et Québec pour «habiller» les autres régions.» (Extrait du Bulletin du CPMQ, Volume XXXI, numéro 1, mars 1991)

Le ministre attaquait de front la profession médicale. C'était non justifié. Il fallait riposter rapidement et déclarer la guerre. Somme toute, les gouvernements ne comprennent que le langage de la force. Les nouveaux médecins étant de nature plus pacifique que leurs aînés, il fallait trouver un moyen de les mobiliser.

Je lançai un appel à tous les médecins dans le Bulletin Novembre-Décembre 90 de la Corporation. J'expliquai en détail les enjeux de la réforme et la stratégie du ministre. Ce que j'ai écrit alors est encore d'actualité aujourd'hui. Le projet de loi 142 qui vient d'être adopté par l'Assemblée nationale le confirme. Au moins, j'ai conscience d'avoir fait ce que j'ai pu.

Anniversaire de la fondation de la FMSQ

Quelques jours après le dépôt du projet de loi, j'étais invité à une réception soulignant le 25ᵉ anniversaire de la FMSQ. L'atmosphère n'était pas trop tendue. Je tentais, tant bien que mal, de dissimuler mon humeur massacrante. Les médecins de la base n'étaient pas dupes. Ils sentaient que ça n'allait pas bien. J'en ai profité pour mettre cartes sur table avec quelques participants en qui j'avais confiance. Ils semblaient surpris, ne s'attendant pas à si pire. J'eus aussi l'occasion inespérée de déballer mes récriminations à Mᵉ Roger David, le conseiller juridique de la FMSQ. Il fut abasourdi et me promit d'y voir de près. Il fit par la suite un travail méritoire dans des circonstances difficiles. Publiquement, rien ne parut. Je quittai la réception content d'avoir pu informer privément quelques spécialistes.

Les groupes d'opposition au projet de loi 120

Il ne faut pas croire que j'étais le seul médecin à partir en croisade contre ce projet de loi. D'autres groupes médicaux partageaient mes craintes comme l'Association médicale du Québec (AMQ), l'Association des Conseils des médecins, dentistes et pharmaciens (ACMDP), la Fédération des médecins résidents (FMRQ) et la Fédération des Associations des étudiants en médecine (FAEMQ). Ces deux derniers groupes étaient particulièrement indignés, et avec raison. Les jeunes médecins qui subiraient le plus les conséquences de cette réforme étaient carrément laissés pour compte. Je les ai alertés. À leur demande, j'ai accepté de les appuyer dans leurs revendications en partant du principe que si j'avais eu le privilège de pratiquer une médecine libre, je ne voyais pas pourquoi ils ne pourraient pas jouir des mêmes avantages.

Une lettre conjointe, reproduite ci-dessous, fut expédiée à tous les médecins juste avant Noël. Ce geste secoua les fédérations qui, plus tard, par crainte d'un affrontement sanglant, récupérèrent les étudiants et résidents en leur faisant valoir qu'ils auraient intérêt à se joindre aux grandes fédérations pour la défense de leurs droits.

AUGUSTIN ROY

CORPORATION PROFESSIONNELLE DES
MÉDECINS DU QUÉBEC
FÉDÉRATION DES MÉDECINS RÉSIDENTS DU
QUÉBEC
FÉDÉRATION DES ASSOCIATIONS DES
ÉTUDIANTS EN MÉDECINE DU QUÉBEC

Montréal, le 21 décembre 1990

Cher (e) collègue,

Comme vous le savez certainement, le ministre Côté a déposé la semaine dernière sa réforme du système de santé québécois. Après analyse minutieuse de son contenu, nous tenons à vous faire parvenir ce complément d'information qui ajoutera, nous l'espérons, à ce que vos associations respectives vous ont déjà annoncé.

Plusieurs mesures prévues dans cette réforme vont perturber de façon majeure votre pratique médicale, votre rémunération ainsi que la relève que vous espérez recruter.

La réforme annonce que vous devez faire agréer votre cabinet privé. Tous les cabinets privés devront être agréés, et cet agrément devra être renouvelé aux trois ans. Pour recevoir cet agrément, vous devrez vous engager à rendre certains services déterminés par les régies régionales. La nature, la quantité et la durée de ces services ne sont pas précisées. Votre profil de pratique en sera vraisemblablement modifié.

Vous devrez aussi signer une lettre d'entente avec les hôpitaux où vous travaillez qui définira vos obligations au sein de l'hôpital. L'établissement se réserve le droit de vous retirer vos privilèges si vous ne satisfaites pas à toutes vos obligations.

Le ministre Côté revoit la politique de rémunération différenciée. Il déclare : «Il n'est plus question d'avoir un honoraire différencié à la baisse pour trois ans et à la hausse pour toute la vie...» Cela signifie que les médecins en régions éloignées profiteront moins longtemps des incitatifs et que les médecins en régions non désignées seront à 70 % pour une période indéfinie laissée à la discrétion du ministre.

Votre rémunération sera de plus, si la réforme entre en vigueur, dépendante de la régionalisation des budgets de la RAMQ. Cela signifie que pour une tâche équivalente, un éloignement semblable, votre rémunération dépendra du nombre de médecins pratiquant dans votre région. Plus vous serez, moins vous gagnerez. Voilà un bel incitatif à la répartition régionale!

Au centre de vos inquiétudes doit se trouver le problème de votre relève: sa quantité, sa qualité et sa répartition.

- Le ministre prévoit diminuer encore le nombre de médecins produits au Québec et limiter le nombre d'entrées en spécialités.
- Le ministre prévoit aussi limiter à CINQUANTE (50) médecins par année les engagements universitaires pour les quatre facultés. Quand on sait que l'attrition en professeurs, seulement à Montréal et à McGill, atteint CENT (100) postes par année, on conçoit que le ministre planifie une baisse de l'enseignement et de la recherche médicale au Québec.
- Sur le plan de la répartition, le ministre se donne des moyens de décider pour les médecins de leur lieu de pratique, du temps qu'ils y séjourneront et de leur possibilité d'en changer. Ces mesures toucheront tous les médecins.

Comme vous le saisissez certainement, les horizons de la pratique médicale au Québec s'assombrissent rapidement. Beaucoup d'entre nous pourraient être tentés de quitter un système de santé devenu aussi peu accueillant. Avant d'en arriver là, il est encore possible d'empêcher cette loi d'être adoptée telle quelle. Pour cela, il faut que tous les médecins du Québec fassent front commun pour s'opposer à la loi.

Avec l'ensemble de ces mesures qui amèneront éventuellement une dégradation de la médecine québécoise, il importe de penser à la population et d'empêcher cette réforme de s'actualiser. Pour exprimer cette opposition, nous avons préparé un texte de pétition que nous vous demandons de signer et de renvoyer avec l'enveloppe-réponse. Grâce à cette signature, soyez assuré (e) que le ministre Côté entendra votre voix.

Vous souhaitant, malgré tout, de joyeuses fêtes, nous vous prions de recevoir, cher (e) collègue, nos salutations les meilleures.

Jean Hugues Brossard,
Président - FMRQ

Michel Lallier
Président - FAEMQ

Augustin Roy
Président et secrétaire général - CPMQ

Réunion capitale

Il fallait faire l'unité dans la profession médicale. Oubliant mon orgueil et motivé par mon amour de la médecine, j'organisai une rencontre de toutes les fédérations et associations médicales pour l'avant-midi du 21 décembre. La FMSQ et la FMOQ avaient subi un électrochoc. Une disposition (article 461) du projet de loi 120 permettait au gouvernement de *«conclure une entente avec tout groupement ou regroupement représentatif de professionnels de la santé qu'il détermine»*. Le ministre aurait ainsi pu négocier directement avec les radiologistes, les chirurgiens généraux, les hématologistes, les omnipraticiens des Îles-de-la-Madeleine, les médecins d'Urgences-Santé, etc. Il portait atteinte au sacro-saint monopole syndical. Lui-même, ancien syndicaliste, avait oublié le caractère d'inviolabilité de cette vache sacrée! Quelle horreur! Des membres d'un syndicat qui peuvent reprendre leur liberté et décider de leur allégeance. Au début, on m'avait laissé entendre qu'il s'agissait d'une erreur *involontaire* du ministre. On m'a appris par la suite que c'était voulu et réfléchi. Cette erreur a fouetté les fédérations et galvanisé les troupes. Elle a sauvé la profession médicale.

Le début de la réunion a été houleux. Je n'avais pas prévenu les fédérations que j'avais invité les résidents et les étudiants. Ils étaient en retard. Quand les représentants des résidents se présentèrent, ce fut un silence glacial. On me demanda ce qu'ils venaient faire. Je m'excusai auprès des grandes fédérations, ajoutant que les résidents m'avaient demandé la permission d'assister à notre rencontre et qu'il était alors trop tard pour avertir les deux grandes fédérations. J'ajoutai que leurs futurs membres méritaient d'être informés et impliqués. On les accepta. Aussitôt après, arrivèrent les représentants des étudiants en médecine. Même manège. *«Est-ce qu'il y en a d'autres ?»* me lança un président de Fédération. *«Je ne crois pas.»* répondis-je. C'était juste avant Noël, il fallait se presser.

Une deuxième réunion eut lieu le lendemain après-midi. Tout le monde était là. Soudainement, les docteurs André Aubry et Gérard Cournoyer, représentants de l'ACMDP, que j'avais invités, entrèrent dans la salle. Stupéfaction générale! Engueulades, le mot n'est pas trop fort. On les retourne dans le corridor. Les deux grandes fédérations, surtout la FMOQ, les haïssaient. On les prenait pour des compétiteurs, des rivaux honnis. Ils étaient pourtant touchés par des chapitres entiers du projet de loi. On les fit attendre plus d'une heure, menaçant de quitter s'ils entraient. Je dus finalement m'humilier, me mettre quasiment à genoux et plaider leur cause. Ils furent finalement admis de justesse. On leur donna quelques minutes pour expliquer leur position, sans droit de parole par la suite. Imaginez la scène. Incroyable, mais vrai!

Autre tentative d'unification des forces

Toute la profession était aux abois. L'Association médicale du Québec tenta à son tour d'unifier les médecins contre le projet de loi 120. Elle organisa une grande réunion de tous les groupes médicaux le 17 janvier 1991. La FMSQ envoya un représentant qui avait ordre de s'opposer à un front commun de tous les médecins spécifiant que c'était le rôle unique des fédérations. La FMOQ qui avait initialement promis d'être présente se défila.

Je relate ces évènements pour illustrer la paranoïa des fédérations qui se prétendent les seules gardiennes de la profession. C'est sans compter la hargne qu'elles peuvent démontrer pour arriver à leur but et combattre ceux qui ne partagent pas leurs vues. Tous ceux qui lorgnent leur territoire sont voués à la géhenne.

Finalement, fin janvier, début février, tous les groupes médicaux s'unirent en un front commun imbattable. Il subsistait tout de même beaucoup de méfiance entre chaque entité.

Élections à la FMSQ

La profession médicale passa un hiver très chaud. Ce fut particulièrement vrai à la FMSQ qui était en outre en guerre avec l'une de ses associations, celle des chirurgiens généraux. Les membres étaient choqués de sa mollesse initiale face à la loi 120. Ils assaillirent leurs représentants qui étaient en mode électoral. La cabale allait bon train. Les dirigeants de la FMSQ réalisèrent, sur le tard, que leurs postes étaient en danger. Ils se devaient de prendre une position énergique contre le projet de loi 120. Ils se mirent résolument à la tâche et publièrent un bijou de livre intitulé : «La médecine ligotée.» C'était une semaine avant les élections. Trop tard! Les jeux étaient faits. La plupart perdirent leurs sièges et un nouveau président fut élu.

Les nouveaux élus de la FMSQ prirent le leadership de la bataille contre la loi 120. Désormais, tous les médecins étaient regroupés et mobilisés. Belle campagne de publicité, marche devant le parlement et menace de grève générale et illimitée ébranlèrent le gouvernement. Les médecins étaient à deux doigts d'une victoire totale. Il aurait été possible de forcer le gouvernement à capituler.

Rencontre au bunker

Puis, coup de tonnerre dans un ciel bleu. Sentant le vent tourner contre lui, à la mi-juin, le premier ministre Robert Bourassa convoqua les dirigeants du regroupement des médecins à son bureau. Marc-Yvan Côté avait un genou à terre. Le gouvernement était en difficulté. Les médecins avaient bien présenté leur cause au public; tout était en place pour donner le coup de grâce au ministre. Les présidents de la FMOQ, FMSQ, FMRQ, FAEMQ, ACDMPQ et moi-même étions en présence des représentants du gouvernement : John Parisella, Benoit Morin, Marc-Yvan Côté et Robert Bourassa. Je les connaissais tous. Je m'attendais à une discussion musclée. C'était le temps ou jamais.

Première surprise, juste avant le début de la réunion, on me demanda assez cavalièrement de ne pas intervenir. Le président de la FMOQ devait être le seul porte-parole du regroupement. J'ai acquiescé légèrement de la tête, mais n'ai rien promis. Je me méfiais... avec raison. *«Chat échaudé craint l'eau froide.»*

Robert Bourassa entra dans la salle avec son groupe et nous salua. Je me retrouvai assis à sa droite. Après quelques plaisanteries, il ouvrit la réunion en demandant à chacun d'exprimer son opinion et me donna la parole. Connaissant la consigne que seul le président de la FMOQ devait intervenir au nom des médecins, je me suis astreint à ne formuler que quelques généralités cédant à mon tour la parole au président de la FMOQ. Je m'attendais à une sortie en règle contre le projet de loi.

Deuxième surprise de taille, les mots résonnent encore à mon oreille. Notre président du regroupement s'adressa à M. Bourassa en ces termes : *«On a une bonne nouvelle à vous annoncer, on accepte la majorité des articles du projet de loi sauf ceux concernant le fonctionnement du*

Conseil des médecins et dentistes, les rôles des chefs de départements cliniques et quelques autres. On voudrait un moratoire de deux mois pour nous permettre de nous entendre avec le ministre sur ces points.» Le visage de Marc-Yvan Côté s'est illuminé, lui qui depuis le début de la rencontre affichait une mine renfrognée. Je n'en revenais pas. J'étais scandalisé et furieux! Il y eut une couple d'autres interventions du même ordre. Robert Bourassa s'empressa d'ajouter en badinant : «*La réunion ne sera pas longue. On est tous d'accord.»*

Étant vraiment estomaqué, je pris la parole, malgré la consigne. J'ai eu le temps de dire qu'il y avait bien plus dans cette loi que les pacotilles relevées par les fédérations et qu'en plus la loi 120 constituait une atteinte fondamentale aux droits des médecins, qu'elle accordait des pouvoirs abusifs aux régies régionales, qu'elle... À ce moment, le président de la FMOQ m'a interrompu en disant : «*Écoutez, Dr Roy, nous, on est d'accord avec la proposition du gouvernement.»*

Marc-Yvan Côté jubilait. Il avait bien joué son jeu. J'appris par la suite qu'il s'était déjà entendu avec les fédérations avant la réunion. La cause était perdue et le début de la fin des libertés médicales commençait. Il y a pourtant des moments dans la vie où il ne faut pas faire de compromis. Quelle était la motivation des fédérations pour agir de la sorte? Selon moi, elles avaient trahi leurs membres en permettant au gouvernement d'aller de l'avant avec sa réforme.

Les résultats

Le regroupement des médecins n'avait pas asséné le coup de grâce au gouvernement. Mais il lui avait flanqué une bonne frousse. Tellement que son négociateur en chef avait reçu le mandat d'accepter toutes les propositions raisonnables des médecins concernant l'organisation médicale dans les établissements. Le projet de loi fut bonifié durant les semaines qui suivirent. On ne pouvait malheureusement pas toucher aux régies régionales et à leurs nouveaux pouvoirs exorbitants, tels l'approbation des plans des hôpitaux et la préparation de différents plans régionaux (d'organisation de services, de développement des ressources humaines et surtout des effectifs médicaux). C'est à cela que je m'objectais le plus.

Le gouvernement recula temporairement sur les aspects coercitifs de sa réforme concernant les médecins. Il laissa aux fédérations le soin de trouver des solutions incitatives pour atteindre une meilleure répartition des effectifs médicaux avant le premier avril 1993. On vit ainsi naître le concept unique des *activités médicales particulières* (AMP) applicable aux omnipraticiens ayant moins de 10 ans de pratique et dont la principale activité professionnelle s'exerçait en cabinet privé. Un article identique touchait tout médecin spécialiste qui n'était pas titulaire du statut de membre actif dans un hôpital. Il n'a cependant jamais été mis en vigueur. De façon surprenante, le libellé de cet article a été inséré et adopté 11 ans plus tard, après légères retouches, dans le projet de loi 142. Nos médecins d'aujourd'hui ont peut-être oublié que le gouvernement dispose d'une mémoire d'éléphant. Quel sort réserve-t-il à ce nouvel article ?

Plusieurs ont conclu à la défaite de Marc-Yvan Côté face aux médecins lors de la bataille concernant le projet de loi 120. Certes, il a reculé sur plusieurs points importants, mais non fondamentaux. Il a été blessé gravement, mais pas mortellement. Les médecins lui ont permis de s'en remettre. Je crois personnellement qu'il a fini par gagner cette lutte magistrale, tout en ayant l'air de la perdre. En réussissant à créer des régies régionales avec des pouvoirs outrageux, en préparant les bases des futurs plans régionaux d'effectifs médicaux et en renforçant partout les contrôles et l'autorité du gouvernement, il mérite la ceinture du vainqueur.

J'espère me tromper, mais à moins d'un revirement spectaculaire, je crains que la machine gouvernementale, de quelque couleur qu'elle soit, n'obtienne, à longue échéance, le contrôle total de la médecine. Le projet de loi 142 de décembre 2002 l'illustre bien. Le gouvernement, comme d'habitude, a fait des compromis stratégiques et retiré des articles à la dernière minute, tout en conservant ce qui lui apparaissait prioritaire dans le moment. Il reviendra sûrement à la charge plus tard. Les médecins sont en train de devenir des pions sur l'échiquier de la santé. Ils doivent être prêts à se battre pour se faire respecter et préserver la qualité de leurs services envers leurs patients.

L'étau se resserre

Tel que prédit, le projet de loi numéro 120, *Loi sur le services de santé et les services sociaux,* devenu officiellement le chapitre S-4.2 des lois du Québec, fut amendé à de nombreuses reprises depuis 1991, toujours dans le but de resserrer l'emprise du gouvernement sur le système de santé et ses principaux acteurs. Nulle part au monde, n'existe une loi aussi tatillonne, étouffante et bureaucratique.

En décembre 1997, l'une de ces modifications fut présentée sous le vocable de projet de loi 404. Deux nouveautés y apparaissaient notamment. L'une était l'inclusion des médecins exerçant en cabinets privés dans les plans régionaux des effectifs médicaux, l'autre créait, au sein de chaque régie régionale, un département régional de médecine générale (DRMG) sous l'autorité du président-directeur général (PDG) de la régie régionale, une exclusivité québécoise qui démontre bien la spécificité de notre peuple. Tenez-vous bien! Il ne faut pas toujours blâmer le gouvernement. Il a souvent besoin de complices pour rendre opérationnelles ses basses œuvres. C'est ainsi que pour s'assurer du contrôle total de ses troupes et pouvoir leur assigner le boulot désigné et désiré, la FMOQ devait les enrégimenter. Elle fit part de sa cogitation au ministre Jean Rochon. Quel cadeau du ciel pour le ministre! Il pouvait perpétuer la mission de son ami Marc-Yvan Côté. Aussitôt dit, aussitôt fait.

Stupéfaction! Ces deux nouveautés dans le projet de loi 404 provenaient de la FMOQ et rencontraient ses objectifs. Encore une fois, croyant bien faire, la FMOQ donnait un spectaculaire croc-en-jambe à ses confrères de la FMSQ et faisait grand plaisir au gouvernement. Qu'à cela ne tienne. Seuls ses propres petits intérêts (sont-ils si petits?) comptent. L'insertion, dans le projet de loi 142, récemment adopté, d'un article instituant un département régional de médecine spécialisée exemplifie les dangers d'un manque de vision à long terme. Suite aux protestations énergiques de la FMSQ, cet article fut supprimé lors de l'étude du projet de loi à l'Assemblée nationale.

Les détails du projet de loi 404 furent connus au début de 1998. Selon les mots mêmes de la Conférence des régies régionales, «*cette structure (DRMG) permettra à chaque régie de mieux exercer son mandat de proposer, mettre en place, coordonner et gérer l'organisation des services médicaux généraux.*» Elle applaudissait à la trouvaille de la FMOQ. Certains omnipraticiens la trouvaient moins drôle. Ils firent valoir leurs doléances. Comme d'habitude, la FMOQ exploita ces récriminations à son avantage, c'est à dire en espèces sonnantes et trébuchantes.

Elle obtint, à juste titre, plusieurs millions pour favoriser la dispensation des services médicaux les fins de semaine et les jours fériés, pour inciter ses membres à faire plus de visites à domicile, à travailler en centres hospitaliers de longue durée et pour compenser l'augmentation des frais de bureau. Les omnipraticiens méritaient ces millions additionnels. Je l'ai mentionné à l'époque. Je trouvais même que ce n'était pas suffisant. En retour, la FMOQ avait cédé des libertés fondamentales de ses membres, dont celles d'installation, des heures de travail, du genre de travail, etc. C'est ce que j'ai appelé alors conclure un *marché de dupes* et signer un pacte avec le diable. Comme Ésaü dans la bible, elle avait vendu son droit d'aînesse en retour d'un plat de lentilles. On me répliqua que la FMOQ avait signé une bonne entente pour ses ouailles, qu'il fallait être imputable et apporter des solutions modernes aux problèmes présents (*La Presse*, 20 et 27 juin 1998). Si les remèdes étaient si efficaces, pourquoi le gouvernement a-t-il cru nécessaire de faire voter les lois 114 et 142 tout récemment ? Le projet de loi 404 fut sanctionné à la fin juin 1998. Encore une fois, la FMOQ avait agi seule sans considération des intérêts de toute la profession médicale. La FMSQ n'était pas tellement d'accord avec cette loi. Elle ne s'y opposa cependant que du bout des lèvres et laissa passer la parade. Il y a des limites à la confraternité.

Le dernier projet de loi 142 place la cerise sur le gâteau. Un gouvernement en mode préélectoral s'est servi des omnipraticiens comme de la chair à canon. Il les a bradés et les a menacés avec une loi inique, n'hésitant pas à recourir à un chantage éhonté pour obtenir un prolongement d'entente jusqu'au 30 juin 2003, probablement après les élections. Beaucoup d'omnipraticiens de la base se sont objectés. Ils commencent à être échaudés. Suivant un scénario éculé, mais toujours efficace, le ministre a consenti à la modification de plusieurs articles controversés de sa loi et a fait un cadeau de Noël prétendument évalué à 83 millions de beaux dollars, dont une partie doit servir enfin à bonifier la rémunération des médecins d'urgence. Comment faut-il interpréter ce geste magnanime d'un gouvernement qui prétend ne plus avoir d'argent et être même sur le bord de renouer avec un déficit ?

Encore une fois, la FMOQ a fait son petit bonhomme de chemin et abandonné la FMSQ à elle-même. Comme solidarité professionnelle, c'est pitoyable. 1970, 1990, 1998 et 2002 sont des dates historiques à retenir. Les médecins spécialistes ne doivent pas les oublier. Heureusement, cette fois-ci, en 2002 et 2003, ils ont décidé de se tenir debout, de se rebeller et de livrer bataille. Il était temps. Ils doivent surtout continuer leur contestation sans se laisser impressionner par les politiciens, les médias et autres groupes qui semblent mal comprendre les véritables enjeux.

Ils représentent les derniers bastions d'une certaine médecine un peu libre. S'ils cèdent, c'est la fin d'une époque où on pouvait parler fièrement de la médecine comme d'une profession libérale. Avec la loi 142 et d'autres qui suivront certainement, les médecins deviendront des fonctionnaires de l'État.

La population désire-t-elle des médecins démotivés, désabusés, bureaucratisés et embrigadés dans un système militaire à la soviétique ? Espère-t-elle obtenir ainsi des soins de qualité ? Est-il utopique de penser que les médecins pourront s'unir un jour pour affronter l'adversaire ? Pourront-ils convaincre certains de leurs éléments *mous* de passer à l'attaque ? Auront-ils le courage de clouer au pilori les *collaborateurs,* dans le sens français du terme ? Les Quisling doivent être rappelés à l'ordre. Une FMSQ très forte peut renverser la vapeur et sauver un système de santé passablement amoché.

Pouvons-nous espérer entonner un jour avec Claude-Joseph Rouget de Lisle ces célèbres strophes de *La Marseillaise* :

> *« Allons enfants de la Patrie*
> *Le jour de gloire est arrivé.*
> *Contre nous, de la tyrannie,*
> *L'étendard sanglant est levé »*

Où sont passés les médecins?

In medio stat virtus

Peu de sujets ont autant fait l'objet d'études, de publications et de débats que celui des effectifs médicaux. Y a-t-il assez, pas assez ou trop de médecins au Québec ? Inutile de se lancer dans une guerre de chiffres. Il y a beaucoup de médecins si on compare notre province avec d'autres juridictions.

Pourtant, le discours à la mode veut qu'il y ait une pénurie importante, surtout depuis les dernières années. C'est difficile d'accepter cette affirmation si l'on jette un rapide coup d'œil sur le nombre d'omnipraticiens à certains endroits : Îles-de-la-Madeleine, Blanc Sablon, Chibougamau, Lac Etchemin, Laurier Station, plusieurs CLSC, particulièrement autour de Québec et de Montréal, etc. Ils semblent avoir poussé comme des champignons. Sont-ils vraiment tous essentiels ? Ce phénomène relativement nouveau mérite d'être approfondi.

Que s'est-il passé au cours des dernières années ? Il est sûr que la mise à la retraite anticipée (à partir de 1996) d'à peu près 1400 médecins expérimentés et très productifs a changé la donne. Le système de santé a été chambardé radicalement. La correction est cependant en cours, puisqu'environ 450 nouveaux médecins joignent le marché du travail tous les ans. Compte tenu des augmentations récentes des entrées en médecine, ce chiffre est appelé à croître progressivement.

La situation est plus problématique du coté des spécialités. Depuis une quinzaine d'années, elles ont été fortement contingentées par le gouvernement, ce qui a provoqué une diminution appréciable de nouveaux spécialistes. Pourquoi ce contingentement? Deux raisons : l'une est idéologique, l'autre monétaire. Le gouvernement a longtemps prétendu de façon tout à fait arbitraire qu'il y avait trop de spécialistes, que leur pratique était plus coûteuse que celle des omnipraticiens et qu'il fallait, en conséquence, favoriser la formation de plus de généralistes et donc de moins de spécialistes. Il y a 30 ans, le ratio spécialistes/omnipraticiens s'établissait à 60/40. On a tout fait pour l'inverser à 40/60 (il varie autour de 50/50 actuellement). C'était une nouvelle religion. Des centaines de médecins se sont vu refuser l'admission en spécialité ou, lorsqu'ils étaient acceptés, étaient limités dans leur premier choix de spécialité. À cette contrainte gouvernementale du contingentement, il faut ajouter les batailles coriaces entre les programmes universitaires rivaux pour s'arracher les quelques postes consentis par le gouvernement.

Quelques exemples qui ne datent pas de l'antiquité me viennent à l'esprit. Ainsi, il y a moins d'une douzaine d'années, on refusait allègrement les candidats en radio-oncologie parce qu'il y avait apparemment saturation. Manque de patients ou masse monétaire insuffisante ? Ou aveuglement collectif ? Je vous laisse le soin de deviner. Combien de jeunes médecins ont raté leur carrière ou sont partis étudier ailleurs ?

Aujourd'hui, on recrute des radio-oncologues à l'étranger pendant que ceux qui exercent la spécialité se brûlent à la tâche. On a également mal prévu le nombre de futurs spécialistes requis en imagerie médicale et dans plusieurs autres spécialités. On a volontairement empêché la formation de nouveaux pédiatres, prétextant que la très grande partie de leur pratique relevait de la médecine générale. Qui n'a pas entendu parler du phénomène de la double consultation chez les enfants ? Quand ils n'ont pas d'autres choix, les parents amènent leurs enfants à l'urgence ou à une clinique sans rendez-vous. Par la suite, ils se rendent aussitôt que possible chez le pédiatre pour se faire confirmer le diagnostic et le traitement. Question de confiance, dira-t-on! Tout à fait.

Il est primordial d'en arriver à une juste répartition des médecins spécialistes et des omnipraticiens d'un haut niveau de compétence. La formation des médecins de famille doit encore être bonifiée. Quelques collègues et moi avons travaillé pendant 25 ans pour y ajouter une année de stage. Les docteurs Jean Mathieu et Fernand Hould en furent les instigateurs, Gilles Desrosiers, le protagoniste acharné. Les obstacles ont surgi de toutes parts. L'année additionnelle a finalement été acceptée par le gouvernement et les universités. Aujourd'hui, les nouveaux omnipraticiens sont mieux formés sur le plan de l'approche sociale. Qu'en est-il au point de vue strictement médical ? Leurs connaissances sont certainement améliorées. Mais, comme autrefois, ils se perfectionnent avec le temps. Cependant, ce qui est inquiétant c'est la propension d'un grand nombre, pas tous heureusement, à se cantonner dans des endroits où les cas sont plus légers, la médecine moins compliquée et où les cas aigus sont dirigés vers les hôpitaux et les spécialistes. Bien sûr, on fait les suivis des cas chroniques et des personnes âgées. Mais, question existentielle peut-être, peut-on qualifier cette médecine de lourde ?

Comment expliquer que moins de 10 % des médecins de famille font de l'obstétrique, considérée comme le pain et le beurre du médecin de famille d'autrefois? Quelle réaction faut-il adopter face à de jeunes médecins de famille qui refusent de travailler dans les urgences, sous prétexte d'être insuffisamment préparés et d'être incapables d'exercer dans ce secteur que la FMOQ considère comme sa chasse gardée depuis une vingtaine d'années ? Comment interpréter le recrutement massif, de récentes diplômées, femmes médecins en particulier, dans les CLSC ? Exercent-elles la médecine ou pratiquent-elles une forme de nursing glorifié et bien payé ? Quand y aura-t-il encombrement ? À combien sont estimés les coûts futurs de toute cette main-d'oeuvre médicale ?

Quels facteurs peut-on invoquer pour expliquer cette soi-disant pénurie de médecins qu'il ne faut pas exagérer ? Pensons à la féminisation de la profession, à la bureaucratisation de la pratique médicale, à la demande constante de services par les citoyens, au développement de nouvelles technologies et à l'explosion de l'imagerie médicale. Il y a surtout le concept, difficilement concevable pour un médecin de ma génération, de la qualité de vie du médecin, qui préconise une quantité d'heures et de jours de travail à la baisse, en insistant toutefois pour une indexation des revenus à la hausse. Il y a là une contradiction flagrante.

Comment peut-on gagner plus, en travaillant moins et surtout en exerçant dans des conditions plus faciles ?

Les médecins ont énormément bénéficié de la mise sur pied du régime d'assurance maladie du Québec. C'est une véritable assurance revenus pour eux. Il n'est plus nécessaire de courir après les patients pour se faire payer, d'œuvrer, ventre à terre, et de prodiguer un service de la plus haute qualité, sous peine de voir le patient se diriger ailleurs. Pas d'inquiétude, non plus, face au chômage. À sa sortie de l'université, un travail très rémunérateur attend le nouveau médecin. Ce n'est généralement pas le cas pour aucune autre profession. S'il a le goût du travail, il gagnera souvent plus que ses aînés. Pas surprenant que les banques, dans ces conditions, prêtent allègrement aux futurs médecins! Ce sont de beaux risques!

S'il existe autant d'avantages à devenir médecin, il doit bien y correspondre quelques obligations et devoirs. Pour longtemps encore, qu'on le veuille ou non, nous vivrons sous un régime de médecine étatique. Par l'entremise de la RAMQ, de la Commission de la santé et de la sécurité au travail (CSST) ou de la Société de l'assurance automobile (SAAQ), c'est l'État qui rembourse la presque totalité des honoraires médicaux. Cet État tiers payeur est confronté à un phénomène implacable et inéluctable : plus le nombre de médecins est élevé, plus les actes médicaux se multiplient et plus ses déboursés augmentent. C'est ce qu'il y a à la fois de plus normal et de plus troublant pour celui qui paie pratiquement toute la note.

De ce fait, le gouvernement est justifié d'être si préoccupé par la question des effectifs médicaux. Les lois du marché (l'offre et la demande) ne jouent plus dans un monopole étatique. L'interventionnisme gouvernemental ne doit pas surprendre. Il a pris forme au début des années 1970, et a pris réellement son essor à partir de 1980. J'ai alors eu des échanges aigres-doux avec le Dr Denis Lazure, ministre des Affaires sociales du temps, appelé maintenant ministère de la Santé et des services sociaux. Nous étions amis, au plan personnel, mais divergions profondément d'opinion sur le plan politique et sanitaire. Nos visions étaient presque diamétralement opposées. Elles le sont demeurées. Je le respecte quand même. Nous avons eu plusieurs accrochages, particulièrement à l'époque du référendum de 1980, où le climat politique était survolté. Il m'accusait d'être libéral et fédéraliste alors que moi je le traitais de séparatiste borné et chauvin. Échanges exemplaires, n'est-ce pas ?

C'est à la suite d'une de ces prises de bec que Lise Bissonnette écrivit un éditorial dans *Le Devoir* du 11 août 1980. Pour la bonne compréhension du débat, je le cite ici in extenso :

La querelle des médecins

Les médecines amères que se prescrivent mutuellement le docteur Augustin Roy, président de la Corporation professionnelle des médecins du Québec, et le docteur Denis Lazure, ministre des Affaires sociales, sont certainement liées à la convalescence référendaire. Ce n'est pas la première fois que M. Roy, tenant du NON, assortit ses griefs professionnels de condamnations plus larges de la philosophie constitutionnelle et politique du gouvernement péquiste. Ce n'est pas la première fois qu'on lui répond en l'identifiant au passage au Parti libéral qui lui fait la cour. Mais la querelle qui vient d'éclater sur le contingentement des effectifs médicaux au Québec est plus importante que le style de cette prise de bec ne le laisse croire. Il faudrait la mener jusqu'au bout, qui déborde l'univers de la formation médicale.

M. Roy s'élève contre une directive gouvernementale d'avril dernier qui limite à 1 700 le nombre de postes de résidents et d'internes dans les hôpitaux de Montréal (608), McGill (608), Laval (340) et Sherbrooke (144), et surtout qui entend limiter à 10% le nombre de diplômés d'universités «non québécoises» qui auront accès à ces postes. La

95

Corporation des médecins ne maugrée pas trop contre la limitation des postes, qui profite évidemment à ses membres. Mais elle déteste que l'État se mêle de répartition et le critère du «non québécois» lui semble particulièrement odieux. Elle appelle à la compassion, notamment pour quelque 55 médecins immigrants, en liste d'attente pour des postes de résidents ou d'internes, et réduits au chômage ou à d'autres métiers.

L'État a-t-il la main trop lourde et trop québécisante? Pour le savoir, il faut d'abord remonter à 1974, quand le gouvernement du Québec (libéral) annonçait qu'il commencerait à limiter l'entrée des médecins «étrangers» sur son territoire, les autres provinces le voulaient aussi. Environ la moitié des médecins exerçant alors au Québec étaient des immigrants et M. Roy avait même qualifié le projet gouvernemental de «protectionnisme de bon aloi», tout en soulignant qu'il reviendrait au gouvernement de contingenter lui-même les admissions. Aujourd'hui, selon la Corporation, environ 4 % des postes de résidents et d'internes sont occupés par des immigrants. Toutefois, si l'on ajoute à ce groupe les diplômés canadiens de provinces autres que le Québec, 18 % des internes et résidents sont «non-Québécois» et l'Université McGill, à elle seule, en aurait admis 42% selon les statistiques du MAS datant de juin dernier. Ce ne sont donc pas tous des immigrants en situation «dramatique».

Le gouvernement du Québec doit maintenir un délicat équilibre entre le protectionnisme et l'accueil et on ne peut le blâmer de vouloir maintenant donner un coup de barre pour privilégier les jeunes Québécois. Car, pour des centaines de ceux-ci, l'avenir de leur choix est encore plus fermé que celui des médecins immigrants en liste d'attente. Les facultés de médecine du Québec refusent environ 80 % des demandes d'inscription. Ce sont des jeunes francophones du Québec, dont le taux d'accès à l'université est encore de loin inférieur à celui des anglophones, qui font les frais de ce premier et crucial contingentement. Dans la mesure où le ratio médecin/ population n'augmentera plus – la Corporation craignait elle-même récemment la situation – on ne peut espérer de rattrapage sans accentuer le protectionnisme.

Si le Québec ne faisait pas déjà sa part pour l'accueil des non-Québécois dans ses programmes de résidence et d'internat, on comprendrait les hauts cris. Mais à lui seul, il reçoit autant de citoyens américains, dans ses programmes, qu'il n'envoie de Québécois dans les mêmes aux USA. Et il y a près de deux fois plus de diplômés des autres provinces en formation médicale au Québec qu'il y a de diplômés québécois en formation ailleurs au Canada.

À force de devenir plus fédéraliste que la fédération ne l'exige, on va bientôt reprocher à une administration provinciale de gouverner d'abord pour ses propres commettants et d'exercer tout simplement ses compétences constitutionnelles. Souverain en matière d'éducation, le gouvernement du Québec a non seulement le droit mais le devoir de corriger une situation qui défavorise ses administrés. Il n'a surtout pas à se voiler la face pour le faire.

Qu'il l'ait voulu ou non, M. Roy attire fort opportunément l'attention sur une question épineuse mais trop longtemps écartée, celle du rôle de l'Université McGill dans ce déséquilibre. Plus de la moitié de ses diplômés en médecine exercent leur profession à l'extérieur du Québec, et elle a, à elle seule, plus du tiers des postes de résidents et d'internes rémunérés par le ministère des Affaires sociales au Québec, cela même après les réductions dont elle se

plaint. McGill est certes l'une des meilleures
université en Amérique du Nord et sa faculté de
médecine jouit d'un rayonnement international, d'où
son grand attrait pour les étudiants étrangers. Mais le
Québec n'est pas richissime au point de subventionner
sans mot dire une telle hémorragie de diplômés.

Si ces subventions devaient continuer, le
«rayonnement» qu'elles achètent devraient bénéficier
tout autant aux universités de langue française. Non
seulement l'Université McGill fournit-elle à la
minorité anglophone du Québec un nombre plus que
confortable de médecins, mais encore en forme-t-elle
de nombreux autres pour des provinces canadiennes-
anglaises déjà bien pourvues. La générosité du
gouvernement du Québec serait mieux placée si les
universités de Montréal, Laval, Sherbrooke
contribuaient plus activement à la formation de
médecins francophones pour les minorités «de langue
officielle» des autres provinces, qui en sont parfois
totalement privées.

Pour l'enseignement universitaire, avec sa tradition
de liberté sacrée, d'échanges internationaux
constants, il serait impensable d'établir des règles
coercitives de fréquentation d'une institution plutôt
qu'une autre, comme on le fait au niveau primaire et
secondaire. Mais il est temps que le gouvernement
du Québec se donne au moins une politique
véritablement incitative. Le cas de la médecine n'est
qu'une facette du problème de l'accueil des étudiants
étrangers au Québec. La Commission d'étude sur les
universités signalait l'année dernière que leur
présence coûtait 50 millions de dollars au Trésor
public, et que les deux tiers environ de ces 6 000
étudiants sont inscrits dans des institutions de langue
anglaise. Ce n'est pas en relevant indistinctement
leurs frais de scolarité de 1000 $, comme on l'a fait,
qu'on redressera le taux d'attraction des universités

de langue française. Il faut à la fois donner à ces universités les moyens de croître encore, ce que le blocage actuel des budgets empêche, et, pour reprendre des suggestions déjà faites, instituer un système de bourses favorisant l'inscription dans des programmes de langue française.

Mais rien ne rééquilibrera mieux la situation linguistique des universités québécoises qu'une révision en profondeur des politiques d'accès pour les jeunes francophones du Québec. Avant de courir avec M. Roy à la rescousse de McGill, comme il l'a fait l'année dernière en promettant de mettre fin au «nationalisme étroit» des contingentements, le chef du Parti libéral du Québec, qui est à rédiger son programme, devrait se demander si le fédéralisme trop large n'amène pas aussi, et plus en l'occurrence, des injustices flagrantes.

Lise Bissonnette
Le Devoir
Lundi, 11 août 1980
p.12

J'étais furieux. Je sortais de l'hôpital après avoir subi, à la fin juillet, un double pontage coronarien. La question était trop importante pour la laisser filer sans réplique. J'envoyai une mise au point reproduite ci-dessous. À part quelques détails techniques sur les internes, les résidents et les médecins de l'extérieur du Québec, tout est encore d'actualité, près de 23 ans plus tard!

Médecine : pour un service obligatoire

C'est avec intérêt que j'ai lu l'éditorial de madame Lise Bissonnette sur la main-d'œuvre médicale dans LE DEVOIR du 11 août. Il s'agit d'un sujet difficile à vulgariser qui peut donner lieu à toutes sortes de conclusions selon l'interprétation que l'on fait d'une masse de statistiques. Tout en refusant de me livrer à une guerre de chiffres et d'entamer une polémique sur ce que devraient être les études médicales et ceux et celles qui devraient pouvoir y accéder, je voudrais corriger certains concepts erronés qui circulent sur les effectifs médicaux et commenter la question du contingentement des étudiants en médecine aux niveaux pré et post-doctoral.

Il faudrait que le public sache une fois pour toutes que la Corporation professionnelle des médecins du Québec n'a absolument rien à voir avec le choix des futurs médecins, pas plus qu'avec le nombre des effectifs en formation, de même qu'avec la dispensation du programme des études médicales. La seule chose que nous pouvons faire dans ce dernier cas, c'est de signaler aux facultés de médecine les déficiences rencontrées chez les médecins en exercice et leur demander respectueusement d'améliorer l'enseignement. Il est donc totalement faux de prétendre que la Corporation essaie de réduire le nombre des médecins pour créer une rareté qui amènerait inévitablement une hausse des coûts des services. Bien au contraire, nous sommes la profession dont les effectifs ont augmenté le plus rapidement au cours des quinze dernières années, et cela dépasse toutes les prévisions faites par les experts. Toute personne remplissant les exigences de la Corporation peut en devenir membre sans aucune discrimination. Nos dossiers sont ouverts au public parce que nous n'avons rien à cacher. On va même jusqu'à dire parfois que nous sommes trop généreux en ouvrant nos portes à trop d'étrangers, alors que bien des Québécois sont incapables d'être admis en médecine. C'est un autre mythe qu'il faut exorciser puisque environ 81 % des médecins du Québec sont d'origine québécoise et seulement quelques 13 % d'origine étrangère alors qu'à peu près 6 % viennent d'autres provinces canadiennes. Le Québec est de loin la province où la profession médicale est la plus homogène et le nombre d'autochtones très nettement majoritaires alors qu'en certaines provinces, plus de 70 % des membres viennent de l'extérieur. Que les ultra-nationalistes se rassurent, la pureté de la race est préservée.

On dit souvent aussi qu'il y a autant d'Américains qui font des études post-doctorales au Québec que de Québécois effectuant des études médicales aux États-Unis. C'est une autre fausseté. En fait, il y a malheureusement de moins en moins de médecins américains au Québec, et ce principalement parce que l'Université McGill, qui évidemment recevait la majorité de ces étudiants, n'est plus en mesure de recruter les professeurs américains qui attiraient cette clientèle. Je vous fais grâce des raisons qui rendent le recrutement de ces professeurs difficile, parce qu'on va encore m'accuser de faire de la politique. C'est plutôt nous qui avons absolument besoin d'avoir accès aux ressources scientifiques et matérielles extraordinaires de nos voisins américains. En pratique, la moitié de nos spécialistes ont fait des stages d'études dans des centres universitaires américains et sont revenus faire profiter les Québécois des connaissances acquises. Le ministre des Affaires sociales est un de ceux-là. Je trouve puéril et même dramatique pour la qualité de notre médecine que de tenter d'équilibrer sur une base mathématique les échanges entre le Québec et notre géant du Sud. Il m'apparaît essentiel de ne pas lésiner sur le nombre d'étudiants américains désirant venir au Québec tandis que les portes de notre voisin nous sont largement ouvertes, encore une fois au bénéfice de notre population.

Passons maintenant à la rationalisation des effectifs médicaux par le biais du contingentement. Gouverner, c'est prévoir et en ce sens le gouvernement a le devoir strict de s'occuper de la juste répartition des ressources selon la capacité de payer des contribuables. Il est tout à fait normal pour le gouvernement de s'intéresser aux coûts de la santé, qui accaparent une bonne partie de son budget. Encore là faut-il distinguer entre les dépenses médicales et les dépenses de santé. Celles-ci incluent le fonctionnement de toutes sortes d'établissements de santé dont les hôpitaux, centres d'accueil, etc. Le public a le droit de savoir que les dépenses de santé se sont stabilisées et ont même diminué au cours des dernières années, en fonction du produit national brut. Ce qui inquiète présentement le gouvernement, c'est la croissance des effectifs médicaux qui augmentent beaucoup plus vite que la population. Ceci est particulièrement frappant en ce qui concerne les médecins généralistes qui se multiplient huit fois plus vite que la population alors que la production de spécialistes est inférieure à l'augmentation de la population.

Cet énoncé va surprendre bien des gens qui éprouvent de la difficulté à obtenir un rendez-vous chez un médecin. Cela est dû à la distribution inégale des effectifs médicaux qui ont tendance à s'installer à proximité des grandes villes, et à l'organisation inadéquate du réseau de distribution des services de santé. Nous avons nous-mêmes attiré l'attention du gouvernement sur ce fait en précisant qu'un jour nous serons proches de la saturation théorique des effectifs médicaux en tant que nombre absolu de médecins par rapport à la population. Notre proportion médecin\population est effectivement une des meilleures au monde, même si la distribution est inégale et la production de spécialistes insuffisante. L'échéance est par ailleurs impossible à déterminer avec précision parce qu'il y a trop d'impondérables en cause, comme par exemple la féminisation rapide du corps médical, les changements dans les modes de pratique des jeunes médecins, les exigences de la population, le mode de rémunération des médecins, les politiques gouvernementales de distribution des services de santé, etc. Il devient donc impérieux de procéder à une certaine planification. Or le gouvernement, pour des raisons que j'ignore, mais que je soupçonne, planifie à l'envers. Il tente de contingenter les médecins et particulièrement les spécialistes à la fin de leurs études médicales alors que le simple bon sens dicterait de contingenter au moment de l'admission des étudiants en médecine. Il s'expose ainsi à des déboires considérables et à la perte d'effectifs formés à grands frais. Pour que le système soit cohérent et productif, il est maintenant devenu nécessaire pour le gouvernement d'intervenir dans les politiques d'admission des étudiants en médecine. Sacrilège pour les uns, ingérence pour les autres. Je n'en crois pas moins que cette suggestion mérite d'être examinée attentivement. Il est rare que je préconise l'intervention de l'État, déjà généralement trop présent dans nos vies, et il y aurait intérêt à déréglementer beaucoup de secteurs dans notre société. Mais il y a des circonstances où l'intérêt supérieur du public est tel qu'il exige le leadership de l'État pour assurer l'égalité des chances pour tous les citoyens.

Actuellement, seules les universités décident des conditions d'admission à la médecine. La Corporation des médecins n'a rien à dire, pas plus que le gouvernement, qui n'ose même pas parler de cette question de peur d'offenser les universités en portant atteinte à leur sacro-sainte autonomie, bien que leur financement soit totalement assumé par l'État à même les impôts. Les critères établis par les universités sont en grande partie et parfois totalement basés sur les succès scolaires des candidats. Ceux-ci reçoivent une cote «Z» calculée à partir des notes recueillies au cours des trois premiers semestres du cégep. Dans certains cas, on ajoute un test psychométrique et/ou une entrevue dont l'influence est ordinairement faible.

Je ne veux d'aucune façon laisser entendre que les premiers de classe, des petits génies ou simplement des impulsifs compulsifs qui réussissent bien aux examens ne peuvent devenir de bons médecins. Mais je prétends que des étudiants dont les résultats sont moyens pour toutes sortes de raison, dont un développement plus lent, l'intérêt pour d'autres champs d'activités comme les sports, ou la nervosité, ou la malchance, etc., peuvent devenir d'excellents médecins. Le présent système de sélection les élimine d'emblée. Un grand nombre de médecins de ma génération, qui sont pourtant formidables, n'auraient jamais pu entreprendre leurs études médicales dans ces conditions. Les universités ont le droit d'utiliser le critère quantifiable des notes d'examens, faute d'instruments pour évaluer les qualités humaines des candidats comme le dévouement, la conscience professionnelle, la compassion, le goût du travail, l'amour du prochain, la loyauté, la capacité de communication, la motivation, la patience d'écoute, etc. Pourtant toutes ces qualités sont essentielles à un bon médecin, homme de science, mais aussi humaniste.

Il serait possible de pallier l'incapacité actuelle d'évaluer les qualités humaines des futurs médecins et de régler définitivement le problème sérieux, malgré l'augmentation rapide du nombre global de médecins, de la distribution des effectifs médicaux sur l'ensemble du territoire québécois. J'estime, et il s'agit là d'une opinion strictement personnelle qui n'a pas fait l'objet de discussion au sein de la Corporation, que le temps est arrivé pour l'État d'envisager d'ajouter par voie législative aux conditions d'admission en médecine, l'obligation pour tout nouveau médecin d'exercer pendant un certain temps dans des régions défavorisées ou mal servies. Cette sorte de service obligatoire est déjà en vigueur dans plusieurs pays, et j'en ai parlé publiquement à plusieurs reprises. Ce n'est pas une punition, mais plutôt une occasion de mieux connaître les besoins et les problèmes de la population, d'acquérir une expérience précieuse, de développer l'esprit d'initiative, en somme de devenir un médecin connaissant mieux les problèmes de la population. Un médecin qui n'est pas prêt à accepter d'aller exercer sa profession durant quelques années en Abitibi, sur la Côte-Nord, en Haute-Mauricie, dans le fond de l'Estrie ou partout où on a besoin de lui n'est pas digne de se voir conférer l'insigne privilège de devenir médecin. On dira que les médecins seront traités plus sévèrement que les autres professionnels. Mais d'autres groupes pourraient se voir imposer les mêmes exigences. On dira que c'est une atteinte à la liberté d'un étudiant. Pourtant personne ne sera forcé d'étudier la médecine. Ce sera un choix volontaire de l'étudiant qui suivra les priorités dictées par l'État. Enfin ces années de service seront limitées et après avoir en quelque sorte payé sa dette à la société, l'étudiant redeviendra libre de s'installer là où il voudra. Entretemps, on aura élargi l'accès aux services médicaux pour tous les citoyens. On permettra peut-être ainsi à des candidats très motivés, que les résultats scolaires moyens empêchent d'être admis aux études médicales, de devenir d'excellents médecins. Avec un peu plus de 600 postes disponibles chaque année en médecine pour plus de 3 000 candidats, cette idée est certes réalisable. Elle permettrait peut-être d'éliminer des sujets indécis et peu suffisamment altruistes, au profit d'étudiants motivés et voués au bien-être de la population.

Une fois ce contingentement mis en place, il sera facile de s'occuper de la distribution des postes d'internes et de résidents et d'éliminer toute la confusion actuelle. Tout ce que l'État aura à faire sera de décider d'un nombre raisonnable de postes. Dans le cas des internes, c'est simple puisqu'on connaît d'avance leur nombre chaque année. Il suffirait d'ajouter une certaine quantité de postes pour remplir nos obligations vis-à-vis les médecins immigrants qui sont généralement des réfugiés politiques acceptés par le gouvernement. Il faudrait aussi prévoir des postes pour les étudiants en médecine qui choisissent volontairement de faire une année additionnelle de médecine familiale et réserver un nombre raisonnable de postes pour assurer la formation de futurs spécialistes qui complètent les services des omnipraticiens. Il n'y a rien de sorcier là-dedans. Nous savons qu'actuellement, il faut approximativement 1750 postes pour ces trois catégories de médecins, d'où une dépense d'environ 34 millions de dollars, alors que le budget du Québec est de 15 milliards de dollars. Ces internes et résidents méritent amplement leur rémunération puisqu'ils travaillent une moyenne de 70 à 80 heures par semaine et qu'ils sont presque indispensables au bon fonctionnement des hôpitaux universitaires. Que la préférence dans la distribution de ces postes soit donnée aux Québécois, personne ne le conteste. Il y eut quelques accrochages cet été, mais ces cas ont été résolus. Tout en exerçant un protectionnisme de bon aloi en limitant le nombre de médecins immigrants, il demeure essentiel de recevoir des médecins étrangers pour des stages de formation de façon à favoriser les échanges d'idées et de méthodes, qui sont toujours bénéfiques. Des échanges formels existent déjà avec la Belgique, l'Espagne, le Liban et la France. Chaque année, cinquante médecins français font un stage au Québec alors que très peu de Québécois (ils se comptent sur les doigts d'une seule main) vont en France. Le gouvernement du Québec n'hésite pas à payer les frais de transport de ces médecins français, leurs avantages sociaux et un salaire moyen de 23 000 $, sans compter les dépenses des fonctionnaires du ministère des Affaires intergouvernementales affectés à cet échange. C'est cependant ce même gouvernement qui se scandalise parce qu'il y a un peu plus de Canadiens des autres provinces, au Québec, que de Québécois faisant des études médicales, ailleurs au Canada. Il s'agit pourtant du même pays, à ce que je sache, financé par les impôts de tous les Canadiens et où s'applique le mécanisme de la péréquation au profit des provinces moins riches dont le Québec. Comment expliquer cette attitude diamétralement opposée quand il s'agit de Français et de Canadiens, sinon par un rejet maladif de tout ce qui est canadien? Loin de moi l'idée de critiquer les échanges France Québec. Mais qu'on cesse de lancer des hauts cris parce que quelques Canadiens et Américains profitent d'avantages, alors que nous avons bien plus besoin, dans le domaine médical, des États-Unis et du reste du Canada que de la France. Ce genre de mesquineries m'horripile. De plus, ces médecins canadiens et américains ne sont pas des mendiants; leurs dépenses de consommation, et souvent leurs investissements, aident au développement économique du Québec.

Nous acceptons un certain contrôle de l'État sur le nombre d'effectifs médicaux, mais rejetons les interventions tatillonnes et bureaucratiques. Le contingentement de 10 % des étrangers est appliqué sans contestation depuis longtemps. Le pourcentage réel est effectivement de 4 %, ce qui devrait satisfaire les xénophobes. Nous nous sommes élevés toutefois contre un contingentement additionnel de 10 %, s'appliquant aux médecins non-Québécois. Cette fois, il ne s'agit pas d'étrangers ou d'immigrants, mais de médecins ayant fait leurs études médicales en dehors du Québec. Le gouvernement voulait ainsi contingenter le nombre de Canadiens des autres provinces étudiant au Québec. Il touche aussi les Québécois qui étudient à l'Université d'Ottawa, par exemple, en France, en Italie, au Mexique et dans plusieurs autres pays du monde, et aussi ceux dont la famille déménage au Québec durant leurs études. Nous croyons que ce contingentement supplémentaire n'est pas opportun et qu'il mérite d'être étudié plus attentivement. Il est aussi bon de savoir que plusieurs de ces Canadiens demeurent en permanence au Québec et obtiennent leur droit d'exercice de la médecine. Le gouvernement peut-il me dire à quel moment et selon quelles conditions quelqu'un devient Québécois ? A-t-on décidé d'imposer une période de noviciat et d'imposer des critères de citoyenneté québécoise que personne ne connaît ?

Nous contestons aussi la décision arbitraire et mal fondée d'établir une proportion de 60 % de généralistes et de 40 % de spécialistes alors qu'il existe un déficit important de spécialistes dans toutes les régions du Québec, à l'exception des villes de Montréal, Québec et Sherbrooke où la distribution est quand même imparfaite. C'est un autre domaine où l'État doit prendre l'initiative rapidement et faire en sorte, par différents moyens, de favoriser une juste répartition des spécialistes. La qualité des soins médicaux prodigués au Québec est excellente. Le cadre organisationnel de la dispensation des services médicaux a cependant besoin d'être revu et corrigé. Les problèmes sont loin d'être insolubles et méritent d'être abordés d'une façon courageuse et honnête, en évitant la xénophobie canadienne et anglaise mal déguisée, dont sont affectés viscéralement certains membres du gouvernement pratiquants de la religion péquiste.

Tout ce que je désire, c'est la meilleure organisation possible des services médicaux au Québec, et ce, de la façon la plus juste. Les Québécois doivent réaliser

qu'ils jouissent actuellement d'une qualité générale
de services médicaux inégalée dans le monde. Je veux
que les Québécois de toutes les régions en profitent.
Peu importent les intentions partisanes qu'on me
prête. Ma loyauté appartient à mon pays et à mes
concitoyens que je ne cesserai de défendre. Mon
hérédité beauceronne me fait rechercher la justice et
le bon sens, me donne le goût du risque calculé et me
rend occasionnellement hardi. Je ne le regrette jamais
car mon seul véritable but est le mieux-être de la
population du Québec.

Augustin Roy
Président-secrétaire général de la
Corporation professionnelle des médecins du Québec,
Le Devoir
20 août 1980

Nil novi sub sole, rien de nouveau sous le soleil. Même à cette
époque, la répartition des médecins posait problèmes. Les jeunes
préféraient généralement s'installer dans les villes et leurs banlieues. La
société méritait mieux de la part de ceux qui jouissaient de privilèges
énormes. Comment résoudre cette quadrature du cercle dans une société
qui, avec raison, valorise la liberté au plus haut point? Surtout que j'ai
toujours été et suis encore un partisan convaincu du respect des libertés
fondamentales des médecins. Il fallait choisir entre, d'une part, un laisser-
aller débridé où primaient l'égoïsme et l'absence de conscience sociale,
et d'autre part la privation temporaire de la liberté d'installation, en
invoquant le bien-être collectif et l'obligation de rembourser la dette
contractée envers la société. Dilemme cornélien!

Le gouvernement était bien au fait de la situation, mais n'avait
encore pris aucune mesure pour optimiser la distribution équitable des
médecins. J'étais certain qu'il finirait bien par passer à l'action.

Je ne fus donc pas étonné lorsqu'il présenta le projet de loi 27 à
l'automne 1981. Pour favoriser l'établissement des médecins en région,

il fit adopter une politique de «*rémunération différenciée*» pour les nouveaux médecins. Grosso modo, les honoraires des médecins en régions, omnipraticiens et spécialistes, anciens et nouveaux, étaient majorés, tandis que ceux des nouveaux médecins s'installant dans les grandes villes telles Montréal et Québec étaient amputés de 30 % durant les trois premières années de leur pratique. Une exception de taille : tous les médecins nommés professeurs par une université jouissaient d'une exemption totale. C'était risible et surtout discriminatoire. Jamais autant de jeunes médecins n'ont été nommés professeurs.

Cette politique a donné certains résultats qui étaient nettement insuffisants aux yeux du gouvernement. Plans d'effectifs médicaux de toutes sortes, bourses, allocations innombrables, systèmes de primes, de surprimes (et de déprime!) virent le jour. Puis, apparurent l'invention des médecins dépanneurs, des paiements sous la table, des boni de signatures comme ceux octroyés aux joueurs de hockey ou de baseball, sans oublier les sempiternelles campagnes de recrutement aux frais du contribuable. Bref, le fouillis total! Des sommes astronomiques ont été dépensées, et le sont encore.

Malgré tout, les problèmes persistent, si bien qu'en 2002, le gouvernement a proposé les lois 114 et 142. Le désordre demeure perpétuel et les résultats peu probants. C'est toujours à recommencer. Quelqu'un a-t-il déjà pensé effectuer le relevé de ces mesures et en chiffrer les coûts? La réponse choquerait tout citoyen normal. Pas de problème. On est riche. On peut se permettre de jeter l'argent par les fenêtres. Là comme ailleurs, *money is no object*! Pas surprenant que le ministre Legault crie comme un putois pour recevoir plus d'argent d'Ottawa.

J'ai toujours eu à cœur la préservation des libertés fondamentales des médecins de même que le droit de la population à une accessibilité raisonnable à des soins médicaux à un prix acceptable. Je l'ai crié sur les toits et préconisé sur toutes les tribunes. Comment équilibrer ces deux *droits* d'égale valeur, quand une majorité de jeunes médecins ne rendent pas les services que la société attend d'eux ? Quel *droit* doit avoir préséance sur l'autre ? L'État n'a pas le choix et ne peut tolérer le marchandage actuel. Toutes les mesures incitatives les plus sophistiquées ont été explorées. Elles n'ont pas donné de résultats permanents. Elles ont en plus contribué à la création de structures plus contraignantes les unes que les autres par les régies régionales et les établissements.

Il est temps d'envisager d'autres moyens plus efficients. Deux méthodes coercitives viennent à l'esprit : l'imposition d'une réglementation encore plus stricte, contraignante, bureaucratique, lourde et très coûteuse dont il ne reste que quelques fils à attacher. Le gouvernement a choisi cette approche; j'en privilégie une deuxième : adopter une politique gouvernementale obligeant tout nouveau médecin, sauf exceptions bien codifiées tels les spécialistes de niveau tertiaire, les chercheurs et cas analogues, à travailler pendant un minimum de 4 ans dans un endroit et à une fonction où ses services sont requis. Je l'ai suggéré à plusieurs reprises pendant les 20 ans de ma présidence au Collège des médecins. Je l'ai écrit dans *Le Devoir* en août 1980. Les médecins, les politiciens et les journalistes étaient tous au courant de mon point de vue. Je désirais un débat de fond qui n'a jamais eu lieu parce que tout le monde a eu peur de créer des vagues et a choisi de se dérober à la discussion.

Pourtant le Parti québécois était viscéralement favorable à cette obligation. L'idée a été évoquée à quelques reprises au sein du parti. René Lévesque l'écrivit lui-même dans le programme du P.Q. en 1970 : *«Une période de service civique obligatoire dans les régions sous-équipées est un corollaire de la gratuité de l'éducation et une reconnaissance des obligations envers la société»*. Il m'en parla en 1976. Il croyait, avec justesse, que dans un régime de médecine étatique, les médecins avaient des devoirs impérieux vis-à-vis la société.

Plusieurs ministres, dont Denis Lazure et surtout Lucien Lessard, endossaient l'idée. Ils n'ont jamais pu convaincre leurs collègues de passer aux actes. Ma suggestion était et demeure pourtant fort simple. Les règles du jeu doivent d'abord être établies **avant** l'inscription en médecine. Quand on les connaît, on organise sa vie en conséquence.

On peut faire des choix éclairés. Personne n'est forcé d'étudier la médecine et d'exercer plus tard cette belle profession.

Chaque année, des milliers d'étudiants se ruent vers les facultés médicales pour combler les 600 postes et plus disponibles. La sélection est difficile à faire. Pour éviter les poursuites, les universités ont adopté la méthode la moins contestable : la codification des notes d'examen au cégep et au secondaire. Pendant longtemps, ce fut la cote Z qui désavantageait les élèves des collèges les plus forts. Je me souviens avoir, il y a assez longtemps, recommandé à une jeune fille qui était dans la moyenne de sa classe et qui rêvait de devenir médecin de s'exiler et d'aller étudier dans un cégep faible. Elle est aujourd'hui une excellente chirurgienne. Incorrect, direz-vous ? Il faut parfois savoir se débrouiller et utiliser le système. Aujourd'hui, c'est la cote R qui fait foi de tout. Elle ajoute un nouveau facteur : la force du groupe de l'étudiant au secondaire.

À mon avis, il est complètement insensé de mettre autant d'emphase sur les résultats scolaires pour choisir les futurs médecins, comme si tous devaient être des futurs récipiendaires du Prix Nobel. Il y eut aussi des tests psychométriques. La nouvelle mode (pas partout) est l'entrevue, par définition subjective, qui pondère un peu les notes académiques. Les étudiants n'ont pas changé! Ils ont appris à faire bonne figure en entrevue. On leur enseigne même, à certains endroits, la maîtrise de la technique de l'entrevue. En bout de piste, les étudiants de nature obsessionnelle-compulsive, rapides, qui ont appris à donner la réponse que veut entendre l'interviewer, *performent* le mieux. L'étudiant plus lent, un peu indécis, qui réfléchit plus longtemps est très fortement pénalisé. Les qualités humaines essentielles pour tout médecin : le dévouement, la compassion, l'empathie, la conscience professionnelle, la force de caractère, le goût du travail bien fait, etc., ne sont pas évaluées et sont difficilement évaluables. Dans ces circonstances, il n'est pas surprenant de constater qu'un bon nombre d'étudiants en médecine souffrent de problèmes de santé mentale, ce qui était rare il y a 30 ans. Je ne blâme pas les universités. Je constate simplement qu'elles sont limitées dans leur approche.

La meilleure façon de s'assurer des qualités humaines du futur médecin est d'établir par voie législative, l'obligation de mettre ses connaissances et sa compétence au service de la collectivité pendant une courte période de temps, là où ses services seront requis. Après ces quatre ans, à Montréal ou à Sept-Îles, en CHSLD (Centre hospitalier de soins de longue durée) ou à l'urgence, à l'hôpital ou dans un groupe de médecine familiale (GMF), il deviendra libre comme l'air et pourra s'installer là où il voudra et pratiquer le genre de médecine de son choix. En contrepartie, le gouvernement devra éliminer des lois actuelles toutes les mesures contraignantes touchant les médecins. J'entends déjà les hauts cris de certains bien pensants et je pressens les réactions de groupes d'intérêts. Un étudiant à qui cette obligation de servir répugne n'est pas digne d'exercer la médecine, surtout dans le contexte actuel. Qu'il cède la place à un étudiant plus altruiste sera à l'avantage de tous. Quelle sorte de médecins voulons-nous : des *bollés* centrés sur eux-mêmes et leur bien-être, qui sont rapides et ont réponse à tout, ou des médecins équilibrés, humanistes et conciencieux, qui privilégient les intérêts de la collectivité et prennent le temps de bien réfléchir ? En plus d'être une science, la médecine n'est-elle pas une art ?

Finie la course effrénée aux médecins dans les régions, dans les urgences et les CHSLD! Le médecin, ne recevant son permis de pratique qu'après ses quatre années de service civique, ne pourra pas quitter le Québec immédiatement après ses études, payées par les citoyens. Finie la pénurie de médecins. Le partage des tâches les plus exigeantes faciliterait le travail de tous.

Les syndicats médicaux se doivent de réaliser qu'ils sauvegarderaient ainsi les libertés de leurs membres durant le reste de leur carrière. Quatre ans sur quarante ans, c'est peu pour espérer jouir de l'immense privilège d'être médecin. Toute la profession serait gagnante. Cette mesure serait facile à mettre en place. Elle ne nécessiterait qu'un peu de courage politique. Qui va endosser cette approche nécessaire? Qui osera la mettre en application? Préfère-t-on subir les problèmes actuels pendant encore 20 ans ? Avec, en prime, des médecins   fonctionnaires devenus salariés!

Ce qu'il faut faire

Dans la vie, il n'y a pas de solutions.
Il y a des forces en marche : il faut les créer et les solutions suivent.
Saint-Exupéry

Notre système de santé est malade, voire très malade. De crises en crises, son état empire. On lui fournit des cataplasmes, sous forme d'injections de sommes considérables. Les effets sont ponctuels et éphémères. Bientôt les *donneurs* (lire citoyens payeurs) vont succomber. Paradoxalement, ce sera avant le malade. Car, par définition, l'État (le malade) est éternel. Il ne peut mourir. Il peut cependant devenir rachitique, cachectique et inefficace.

Il faut absolument sauver notre système de santé. Tellement d'énergie et d'argent ont été investis pour le construire qu'il serait criminel de le laisser dépérir davantage. Les malades, surtout les personnes âgées qui l'ont édifié, comptent sur son maintien. Tout le monde s'entend sur ce point. Là où les opinions divergent, c'est sur le traitement à prescrire et à administrer pour le sauvegarder. Ce n'est plus le temps de la complaisance et des sinapismes. Un traitement choc s'impose d'urgence. Plus fort qu'un remède de cheval. Un remède d'éléphant! Une solution facile vient à l'esprit : injecter plus d'argent. C'est ce que prétendent depuis peu les idéalistes, les opportunistes, les gestionnaires intéressés, les socialistes invétérés, ceux qui ne paient à peu près rien, les technocrates et les politiciens qui veulent accentuer leur emprise sur le système. Quant à moi, je choisis la voie plus difficile de la meilleure gestion, des contrôles rigoureux et de l'imputabilité très stricte aux payeurs d'impôts directs et indirects. Mes recommandations seront concrètes, applicables rapidement, contrairement à de vagues promesses générales, à composante électorale, étalées dans le futur.

Le malade est très intoxiqué. Il faut le sevrer quelque peu. Sans recourir immédiatement à la saignée classique du temps de Molière, il faut néanmoins le ponctionner gentiment en gelant toute embauche de nouveaux effectifs. Une anesthésie légère aidera les plus hystériques et les éternels hypocondriaques à supporter ces premières petites douleurs. Puis, sans délai, de vrais experts de chez nous et d'ailleurs (il y en a encore) se mettront à l'œuvre. Puisque c'est actuellement le noir total, ils tenteront de faire la lumière sur les argents qui proviennent des goussets du citoyen mal aimé. Quelle proportion et quelle quantité de ces sommes émanent du gouvernement fédéral, des taxes, impôts ou autres sources et où va cet argent très précisément ? Nul ne le sait exactement, pas même le gouvernement distributeur. C'est pourtant essentiel de connaître prioritairement l'attribution claire des 18 milliards dépensés annuellement à tout vent, ce qui représente plus de 40 % des dépenses de l'État, paiements des intérêts sur la dette exclus. Comme postulat de base, je fixe arbitrairement les dépenses de santé et de services sociaux à un maximum de 33 % des dépenses globales du gouvernement. C'était le cas jusqu'à la dérive des dernières années. Il faut laisser de l'argent aux autres missions gouvernementales et fournir aussi à l'État l'opportunité de diminuer notre fardeau fiscal excessif.

Apparemment, 25 % de ces 18 milliards va aux dépenses sociales. Le gouvernement n'a jamais voulu ou été en mesure de le confirmer ou de l'infirmer. Il faudrait pourtant le savoir. Le reste est logiquement consacré à la santé. Dans quel secteur ? Une ventilation parfaite des montants en cause doit être établie. Combien va aux services de l'administration, aux CLSC, aux hôpitaux de soins aigus, aux hôpitaux de soins prolongés, à la rémunération des médecins, etc. ? Une fois connue la distribution des sommes dans tous les postes et les sous-postes, il sera plus facile de prendre des décisions éclairées.

Chose certaine, il faudra couper, nonobstant le discours alarmiste actuel. Pas à la hache, mais au bistouri. Le résultat devra être le même, mais il y aura moins de sang. On l'épongera au fur et à mesure. Prenons pour acquis qu'il ne sera pas possible de réduire les coûts des services de santé et des services sociaux sans tailler dramatiquement dans la bureaucratie. Qui dit bureaucratie, dit fonctionnaires. C'est là que se trouve une grosse partie de l'argent. C'est l'opération prioritaire, sans laquelle toute réforme est vouée à l'échec.

Il y aura des pleurs et des grincements de dents. On ne corrige pas de vieilles habitudes du jour au lendemain. Il faudra apprendre à gérer comme le fait le privé qui n'a pas le choix de ne pas être efficient sans quoi toute entreprise est acculée à la faillite ou à la fermeture. Un seul exemple suffit pour l'illustrer. Comparez TVA et TQS avec Radio-Canada et Radio-Québec. Je les ai tous fréquentés jadis. Les deux premiers font l'objet d'une gestion très serrée; les deux télédiffuseurs publics semblent être très généreux avec l'argent des contribuables. Les politiciens ne s'en préoccupent pas. Pourquoi ? Qui oserait critiquer celui qui a le pouvoir de le détruire par la voie des ondes et qui, en définitive, peut toujours avoir le dernier mot ? Peu d'êtres humains sont assez héroïques (ou suicidaires) pour agir ainsi. C'est compréhensible.

En matière de santé et services sociaux, les méthodes de travail devraient être révisées de A à Z. Formulaires à remplir, paliers à franchir pour une approbation, encadrement, etc., rien ne devrait être oublié. Toutes les pierres seront retournées. Une fois établie la quantité de postes nécessaires pour accomplir un travail de qualité, il faudra instaurer une gestion plus ouverte, moins encombrante, plus responsable et payer les acteurs selon leur rendement. Des employés compétents et motivés doivent être bien payés. Leur productivité sera meilleure. Ils aideront l'employeur à mieux performer. Tout compte fait, on épargnera de fortes sommes.

Le traitement initial consiste donc à geler temporairement toute embauche de personnel, puis à dégraisser l'appareil bureaucratique. Comment y arriver ? Commençons par les changements structuraux.

Première étape cruciale : abolir les régies régionales et épargner 100 millions par année en coûts directs et indirects. Il n'est plus permis de tolérer une telle improductivité et une bureaucratie aussi castratrice.

Deuxième étape : fusionner les conseils d'administration (CA) de tous les établissements d'une région pour en arriver à un maximum variant entre 1 et 7 selon le poids démographique de chacune. On devrait en bout de ligne, atteindre un maximum de 35 à 40 CA dans l'ensemble du Québec. Cette intégration verticale avec à sa tête un gros centre hospitalier entraînera de grandes économies d'échelle et une dispensation plus rationnelle et expéditive des services de santé et des services sociaux. Ces nouveaux C.A. intégrés hériteront des pouvoirs actuels des régies régionales. Des fusions d'établissements devraient en découler. Un gestionnaire principal de cette envergure aura toute autorité sur un réseau où règnent présentement la discontinuité et la désorganisation.

Troisième étape : abolition des commissions médicales régionales et des départements régionaux de médecine générale qui n'auront plus de raisons d'exister. Leurs tâches seront assumées par les actuels Conseils des médecins, dentistes et pharmaciens (CMDP) qui deviendront régionalisés par le fait même. Ils seront responsables de l'organisation professionnelle et de son contrôle sur leur territoire.

Quatrième étape : les 147 CLSC et leurs points de services feront place à autant de groupes de médecins de famille (GMF) qui sont devenus prioritaires pour le gouvernement. Pour éliminer toute duplication coûteuse (édifices, instrumentation, main-d'œuvre, etc.), tous les médecins actuels des CLSC devront joindre les GMF. Assistés d'infirmières et de travailleurs sociaux, ils prodigueront tous les services de première ligne de leur secteur. Il est inacceptable de maintenir deux réseaux parallèles pour une même clientèle. Cette fusion totale amènera un changement de culture et un rendement optimisé des dépenses pour les services de première ligne. Les GMF me font inconsciemment penser au docteur Welby et à nos bons médecins d'autrefois qui exerçaient dans des conditions autrement plus difficiles et à des coûts infiniment moindres. Ils avaient la vocation, disait-on. Je prends le risque calculé de le souligner sans gène. Espérons seulement que l'expérience des GMF sera concluante. J'en doute. J'aimerais me tromper. Chose certaine, cette pratique ancienne apprêtée à la moderne devra être *monitorée* dans les moindres détails pour en évaluer l'efficacité et le rendement. Il faut faire en sorte que les coûts de fonctionnement ne soient pas astronomiques. Les subventions très libérales (sans jeu de mots) de plus de 100 millions de dollars, du gouvernement fédéral, pour leur mise sur pied ne devraient plus se reproduire. Trop d'argent tue la créativité et engendre la paresse et la complaisance. Les GMF et leurs cousins, les cabinets privés d'omnipraticiens, devraient avoir un lien privilégié avec un hôpital et des services de médecins spécialistes. Faute de quoi, leur utilité sera quasi nulle.

En toute logique, il faut, du même coup, fermer les maisons de naissance et transférer les activités des sages-femmes dans les départements d'obstétrique des hôpitaux. À aucun prix, sous aucun prétexte la duplication actuelle ne peut se justifier. Pourquoi les sages-femmes semblent-elles allergiques aux hôpitaux ? Elles devraient plutôt être heureuses d'exercer dans des conditions optimales pour leurs patientes.

Un service civique obligatoire

L'étape suivante est la passation d'une loi instituant le service civique obligatoire d'au moins 4 ans, établi en fonction des besoins de la population, pour tout nouvel étudiant en médecine. Selon des modalités connues de tous, les futurs spécialistes de niveau tertiaire, les chercheurs et cas similaires pourront exercer en milieu universitaire. Cette loi abrogerait toutes les dispositions contraignantes des lois actuelles, au fur et à mesure de sa mise en application. Elle ne toucherait que les futurs médecins visés par ce nouveau régime. Après cette période obligatoire de 4 ans, tout médecin recevra son permis régulier d'exercice et aura alors le loisir de s'installer où il le désire et d'exercer le genre de médecine de son choix. Il aura remboursé sa dette à la société. On ne parlera plus de médecins qui quittent le Québec dès la fin de leurs études, ni de pénurie dans certaines régions ou dans des secteurs bien identifiés comme les urgences, les soins à domicile, les services aux personnes âgées et à d'autres clientèles vulnérables. J'attends de pied ferme ceux qui brandiront l'épouvantail de la conscription. Je répète que personne n'est forcé de devenir médecin. Ceux qui n'accepteront pas les nouvelles règles du jeu n'auront qu'à se diriger vers d'autres domaines. Devenir médecin est un privilège et non un droit. Entretemps, le gouvernement doit s'assurer de la distribution équitable des nouveaux médecins, sans passe-droits. Terminées, les tergiversations et les palabres interminables au sujet du déploiement des effectifs médicaux.

Il faudra aussi solutionner ce problème des effectifs médicaux, en ayant en tête les coûts normaux générés par chaque médecin. L'atteinte d'un nombre idéal de médecins, selon la capacité de payer de la société, est souhaitable. D'après moi, il ne manque pas d'omnipraticiens en nombre absolu, si l'organisation de leur travail et leur productivité sont raisonnables. Il en faudra évidemment plus si leur semaine de travail n'est que de 24 heures. Leurs honoraires devraient logiquement alors être réduits en conséquence. La distribution des omnipraticiens s'est très sensiblement améliorée au cours des ans. Ce qui cause problème, c'est leur désir de plus en plus généralisé de s'en tenir à des tâches plus légères et d'éviter la pratique plus lourde en salle d'urgence, en CHSLD, à domicile, en obstétrique, etc.

C'est au niveau des spécialistes qu'il faut maintenant concentrer nos efforts en terme d'effectifs. Un grand nombre de spécialités sont en pénurie actuelle ou en pénurie appréhendée. Des postes de résidences en spécialités doivent être ouverts sans délai. Le gouvernement doit cependant geler le nombre d'admissions en médecine dont l'augmentation a été énorme depuis quelques années. Il peut s'attendre à des lendemains difficiles s'il ne le fait pas. Force est d'admettre que les politiciens ont multiplié les erreurs au cours des récentes années en faisant fi des conseils de certains technocrates bien avisés.

La productivité des médecins serait considérablement augmentée si on abolissait toutes les contraintes qui leur sont imposées : plafonds de rémunération, masses monétaires fermées, temps opératoire limité, quotas pour la pose de prothèses, etc. Laissons jouer les lois du marché (l'offre et la demande). La pénurie se transformera instantanément en chose du passé. Les listes d'attente vont disparaître par enchantement. Le public doit savoir que les listes d'attente sont en quelque sorte voulues par le gouvernement qui rationne ainsi l'offre de services pour diminuer les coûts. Ce petit jeu ne pourra plus durer très longtemps.

Il faudra aussi donner plus de pouvoir aux médecins. Les problèmes du système de santé ont débuté lorsque des bureaucrates jaloux ont décidé de se substituer aux médecins et de les éliminer du processus décisionnel. Démotivés et écœurés, les médecins se sont retirés dans leurs terres. De guerre lasse, ils ont abandonné le combat. Ils sont prêts à le reprendre une dernière fois. Ils doivent réussir dans l'intérêt de leurs malades. C'est le temps de développer l'esprit d'entrepreneurship chez un bon nombre d'entre eux et de prendre en charge le système de santé. Que j'aimerais voir des médecins propriétaires d'hôpitaux! Ça marcherait rondement.

L'étape prochaine et fondamentale est celle de la révision des modes de négociation des conventions collectives dans le secteur public et parapublic. Il n'y a aucune justification dans le domaine de la santé et des services sociaux à avoir des conventions collectives si complexes, si détaillées, limitatives, restrictives, qui ne favorisent pas la mobilité du personnel, etc., tout en étant très généreuses au niveau des avantages sociaux. Leur contenu de même que tout le mécanisme de négociation sont à revoir au grand complet. La situation variant d'un endroit à l'autre, pourquoi ne pas négocier les clauses normatives au niveau local et laisser le provincial régler les clauses monétaires? Il pourrait en résulter des ententes intéressantes. Il faut qu'un gouvernement ait le courage de faire le ménage dans l'enchevêtrement des dispositions des conventions collectives qui sont un obstacle à la bonne gestion des établissements.

Pourquoi ne pas favoriser l'impartition en ce qui concerne les services auxiliaires (cuisine, laboratoires, pharmacie, etc.)? Les syndicats pourraient même soumissionner comme toute autre partie intéressée. En introduisant la compétition dans le système, on pourrait faire des gains financiers appréciables tout en fournissant d'excellents services. L'essai d'une telle formule ne devrait effrayer personne.

Serait-il sage de laisser un espace à un réseau privé de services médicaux parallèles ou complémentaires au secteur public comme c'est le cas dans tous les pays industrialisés ? Sans aller aussi loin que la France où 25 % des lits d'hôpitaux sont privés, on pourrait imiter des pays comme le Danemark ou la Norvège dont 1 % des lits font partie du secteur privé. Introduire un peu de concurrence dans le système ne serait pas la fin du monde. L'expérience en vaudrait la chandelle. Les listes d'attente en chirurgie diminueraient-elles par magie ? Il serait souhaitable de faire des comparaisons et d'analyser les résultats. C'est malheureusement impossible pour le moment. Ça viendra un jour quand le dogme de l'infaillibilité du secteur public sera contesté et dénoncé. D'ici là, aussi cynique que cela puisse être, nous sommes condamnés à laisser souffrir des personnes en attente de chirurgie pour des motifs idéologiques. Belle hypocrisie, quand on sait que les riches et célèbres peuvent passer à travers les mailles du système! Quelle incohérence!

L'apport du secteur privé doit aussi être fortement encouragé dans la construction et la gestion des centres d'hébergement et de soins de longue durée. Les personnes âgées, qui ont contribué à bâtir le réseau dont nous disposons, doivent être traitées avec équité et respect. Tant que leur état mental et physique le justifie, elles ont droit à des services de qualité. Le Québec détient le championnat mondial des jours présences en centres d'hébergement et de soins de longue durée. Il faut le dépouiller de cette médaille peu reluisante et encourager les personnes âgées à demeurer aussi longtemps que possible à domicile. Cet objectif pourrait être atteint si toute personne de 75 ans et plus demeurant à domicile avait droit à un crédit d'impôt annuel de 25 000 $. Cet incitatif aiderait à payer une partie des frais annuels d'entretien d'un domicile et des dépenses personnelles : taxes municipales et scolaires, loyers, entretien ménager, soins à domicile, etc. On réduirait ainsi considérablement le nombre de lits nécessaires en centres d'hébergement et de soins de longue durée. L'État serait gagnant, les citoyens également. Les personnes âgées pourraient choisir le mode de vie qui leur convient le mieux.

C'est volontairement que je ne parle pas de la *désassurance* de certains services médicaux et de tickets modérateurs. Ces derniers sont légaux en dehors des services médicalement requis fournis dans les hôpitaux et par les médecins. On ne pourra les empêcher éventuellement qu'en optimisant l'administration du système de santé. Il faut éviter à tout prix de sabrer dans les services directs aux malades. Augmenter le rendement de tous et éliminer le gaspillage sont des avenues à privilégier. Le gouvernement doit lui-même prêcher par l'exemple. Ses dépenses somptuaires, à l'occasion, et sa gestion trop souvent cahoteuse ne sont pas des modèles très éloquents.

Il faut résister à la tentation de la régionalisation des enveloppes budgétaires consacrées à la rémunération des médecins. Cette mesure, en apparence simple et anodine, serait très difficile à appliquer et desservirait les intérêts des malades des régions. Il en va de même de la régionalisation des budgets globaux de la santé et des services sociaux.

La population doit réaliser qu'elle ne peut pas tout avoir gratuitement. Toute chose a un prix. Il faudra s'habituer à payer éventuellement des frais d'utilisation pour les services sociaux et les services médicaux non couverts par la loi canadienne sur la santé. Le cafouillage du régime d'assurance médicaments est un exemple à ne pas oublier et spécialement à ne pas répéter. L'ère de l'État providence est révolue. Il faut inventer un système de santé et de services sociaux plus efficace et plus réaliste, à la mesure de nos moyens.

Il est démontré depuis longtemps que la performance d'un système de santé n'est pas nécessairement proportionnelle à la quantité d'argent qui y est engloutie. Le modèle américain l'illustre bien. Le pire y côtoie le meilleur. Personne ne préconise ce système. Il ne faut cependant pas le démoniser et le dresser comme un épouvantail dès qu'il est question de services de santé privés. Une dose raisonnable de privé serait souhaitable au Québec et au Canada. Cela fonctionne ailleurs, partout dans le monde. Pourquoi pas ici?

Si, malheureusement, après tout cet exercice de gestion idéale et sans faille, il manquait encore des sous, le gouvernement devrait se les procurer par le biais d'une taxe de vente spécifique sur les biens de consommation. Ce n'est pas une invitation de ma part, loin de là! Il s'agirait plutôt d'un terrible constat d'échec. Puisse cette hypothèse ne jamais se réaliser!

Le maintien de notre système de santé est une priorité pour tous. Les traitements pour le guérir des maux qui l'affligent sont connus et disponibles. Ce qui est requis en grande quantité, c'est de la bonne volonté et du courage pour les appliquer. Il faut agir rapidement. Le temps presse.

* * *

À l'âge de 13 ans, j'ai vu mourir mon père, à la suite d'un infarctus. J'ai assisté à sa longue agonie. En 1942, la médecine était impuissante devant de tels cas. C'est son décès prématuré qui m'a fait choisir la médecine. Je ne pouvais accepter que l'on meurt de la sorte, pratiquement sans traitement.

Je ne suis pas devenu médecin pour venger mon père. Je voulais cependant offrir mes services à d'autres malades, avec l'espoir de les guérir ou, à tout le moins, les soulager.

Pour moi, la médecine est une profession éminemment sociale qui est est incompatible avec l'ingérence de l'État. J'aurais voulu oeuvrer plus longtemps auprès des malades. Le destin en a décidé autrement. Je n'ai jamais désiré être un administrateur. C'est le hasard qui m'a mené à oeuvrer au Collège des médecins. Je n'ai aucun regret, bien au contraire. J'ai fait ce que j'ai pu pour que la pratique médicale soit aussi bonne que possible.

Mon père m'a inspiré. C'est principalement à lui que je dédie ce livre.

Il ne faut jamais désespérer. De nouveaux traitements verront le jour. Le système de santé s'améliorera si les acteurs qui en ont la responsabilité consacrent leurs efforts au service de leurs patients. Ce dont on a le plus besoin, ce n'est pas tant de l'argent que du dévouement.

Mourir en vain
ou la véritable histoire de la crise des urgences

Un texte de Luc Bessette, M.D.
médecin d'urgence au CHUM et
vice-président du Regroupement des médecins d'urgence du Québec

Le docteur Augustin Roy m'a demandé d'écrire un chapitre dans son livre décrivant la problématique des urgences. Cela m'est d'autant plus agréable qu'il a toujours supporté le développement de la médecine d'urgence malgré la guerre d'usure que lui ont faite à cet effet d'obscurs intérêts corporatistes.

Aussi, je tiens à le remercier pour l'honneur qui m'est fait de m'associer ainsi à la vision qu'il a longtemps défendue pour la population du Québec et la profession médicale. Malgré les critiques trop souvent injustifiées dont il a fait l'objet en fin de carrière, personne ne peut douter de sa sincérité et de son engagement pour contrer le discours socialisant et réducteur d'un État qui, sous le couvert de beaux principes, masque ainsi sa volonté de rationaliser et réduire l'offre de services médicaux. Sous sa gouverne, la Corporation professionnelle des médecins du Québec a toujours défendu le principe qu'une médecine de meilleure qualité pour la population passe par une juste valorisation du travail de ceux qui la pratiquent.

Rappel historique

Les crises des salles d'urgence ne sont pas nouvelles. À cet effet, il est intéressant de faire référence à un article pertinent du Dr Augustin Roy, alors président de la Corporation professionnelle des médecins du Québec, écrit en réponse au Dr Raynald Dutil dans le Bulletin de cette

125

corporation (maintenant nommée Collège des Médecins du Québec) en novembre 1991 et intitulé : " La vérité a ses droits ".

Cet article relate les événements qui ont amené le gouvernement libéral, en décembre 1990, à déposer alors son livre blanc. Ce projet de loi et les conséquences qui en ont découlées ne sont pas étrangers aux raisons qui amènent le réseau québécois des urgences à frôler régulièrement la rupture de services.

Marc-Yvan Côté, au moyen de cette réforme, voulait déjà comptabiliser les médecins des cabinets privés dans des plans d'effectifs médicaux et de les pénaliser s'ils n'acceptaient pas de travailler, une partie de leur temps, en établissement. La loi prévoyait aussi " l'accréditation " des bureaux ou cliniques privées, et de soumettre dorénavant les médecins à l'autorité du directeur général de ces établissements et non plus aux chefs de département ou aux Conseils des Médecins, Dentistes et Pharmaciens (CMDP) des différents hôpitaux.

Cette menace faite à l'autonomie professionnelle de l'ensemble des médecins omnipraticiens et spécialistes provenait, en partie, du fait que la Fédération des Médecins Omnipraticiens du Québec (FMOQ) ne pouvait garantir un accès adéquat aux services d'urgence.

La première trahison

Mise en demeure, par cette résolution politique, de devoir assumer cette responsabilité, la FMOQ en arriva, après moult tractations et finasseries, à faire accepter au ministre de l'époque de pelleter le problème en avant et d'imposer cette obligation seulement aux plus jeunes membres du syndicat, via ce que l'on désignera dorénavant par l'expression " activités médicales particulières " (AMP). Cette obligation, incluant notamment la couverture en salle d'urgence, s'étendra ainsi aux seuls médecins de moins de 10 ans de pratique qui devront s'y soumettre sous peine d'une réduction de revenus de 30 %.

Bien qu'odieuse au niveau moral, cette démarche avait le " mérite " syndical de faire d'une pierre trois coups ! Premièrement, elle amadouait le gouvernement et permettait de soustraire les bureaux et cliniques privées du processus d'accréditation envisagé préalablement. Deuxièmement, elle évitait de bonifier économiquement la pratique d'urgence et de devoir négocier tout rajustement de rémunération à l'intérieur de l'enveloppe budgétaire fermée, consentie annuellement à l'ensemble des médecins omnipraticiens. Troisièmement, elle diminuait de 30 % l'effort économique à consentir à l'intérieur de cette enveloppe fermée pour accueillir tout nouveau médecin qui ne voudrait pas se soumettre aux activités médicales particulières.

C'est là ce qu'il convient d'appeler la première trahison de la médecine d'urgence et des jeunes médecins.

De 1991 à 2000...à cœur négligé

Inutile de dire que cette " vente aux enchères " (pour employer une expression du Dr Roy) des jeunes médecins et de la médecine d'urgence n'a nullement donné les résultats escomptés. Le gouvernement libéral a bien été dupé comme le sera après lui le gouvernement du Parti québécois.

Je passerai volontairement sous silence les différentes manœuvres de la FMOQ pour bloquer l'accès au statut de spécialité de la médecine d'urgence durant ces 9 années. Qu'il suffise de dire que, lorsque finalement elle n'a plus eu le choix de l'accepter, la FMOQ s'est assurée de conserver à l'intérieur de son enveloppe budgétaire les sommes auparavant réservées au paiement des médecins qui changeaient maintenant de fédération.

Malgré l'utilisation des AMP, les crises de couverture en salles d'urgence se sont succédées de façon régulière depuis 1991, non seulement en raison d'une rémunération inadéquate mais aussi en raison d'un environnement de travail de plus en plus lourd et inapproprié. Le tout s'est détérioré jusqu'à ce que survienne un premier drame en juillet 2000.

Cet événement, à l'époque peu médiatisé, devait être lourd de conséquences, 2 ans plus tard.

En effet, le 31 juillet 2000, monsieur Jean-Guy Bacon, barman à la taverne Oasis de Grand-Mère, est à son travail. Il réaménage la taverne en raison de l'arrivée prochaine de deux équipes de baseball. Vers 21 h 05, un client voit qu'il gît par terre, inanimé. L'urgence du CHCM de Shawinigan-Sud, près de Grand-Mère, est fermée du fait d'une pénurie de médecins. On n'a d'autre choix que de le transporter à 45 minutes de là, à l'urgence du pavillon St-Joseph de Trois-Rivières où l'on constate le décès.

Une enquête du coroner est demandée. La cause du décès est identifiée comme étant une arythmie ventriculaire maligne prolongée. Durant son transport, il a été défibrillé mais n'a pu recevoir la médication requise sans la présence d'un médecin.

Les recommandations du coroner André G. Trahan sont limpides. Une urgence, dans un territoire donné, ne doit pas fermer en raison des premiers soins à donner à ses résidants. Il interpelle la Régie régionale de la Mauricie, le conseil d'administration et le CMDP du CHCM, l'Association des médecins omnipraticiens de la Mauricie et la FMOQ de veiller à éviter toute autre fermeture qui pourrait être néfaste à un citoyen.

Le rapport du coroner est déposé le 14 mai 2001. Malheureusement, il restera lettre morte auprès de la FMOQ, de la Régie régionale de la Mauricie et du Ministère de la santé et des services sociaux (MSSS).

Pendant ce temps, le nouveau ministre Rémy Trudel et son tout nouveau sous-ministre Pierre Gabrièle, issu du milieu de la littérature et de l'administration, sont affairés à régler une autre crise qui leur fait perdre tout sens de la perspective. Le 11 mai 2001, le ministre Trudel déclare à la presse canadienne en faisant référence à l'hôpital Sacré-Coeur de Montréal : " Je ne peux pas dire que tout le réseau est en crise. Il y a une salle d'urgence sur les 102 au Québec qui a des débordements, qui demande un effort d'organisation et de gestion [...] ". Il n'y a pas plus aveugle que celui qui ne veut pas voir!

La crise de Sacré-Cœur

Ce même vendredi 11 mai, Laura-Julie Perreault de *La Presse* titre: " Les urgences de Sacré-Cœur à moitié ouvertes cet été ". Le même jour, Isabelle Paré du journal *Le Devoir* renchérit : " Urgences : Une crise estivale qui va durer 12 mois ". Je suis convaincu qu'elle-même ne croyait pas si bien dire!

Rappelons les faits. Au printemps 2001, en raison de conditions de travail particulièrement éprouvantes, 12 médecins de l'hôpital Sacré-Cœur de Montréal décidaient de quitter cette salle d'urgence. Le MSSS se trouvait alors avec la perspective de voir un centre provincial tertiaire de traumatologie fermer ses portes une journée sur deux, faute d'effectifs.

En relation à cette crise annoncée, j'étais invité à participer à une table ronde radiophonique organisée par Michel Lacombe de Radio-Canada, un samedi, fin mai 2001. Le ministre Trudel, interviewé par le journaliste, devait répondre que la crise de Sacré-Coeur était en bonne voie de résolution, notamment en raison de l'aide apportée par des médecins d'autres centres hospitaliers.

Un ministre hors-la-loi?

Or, cette aide était liée au versement de primes. Du moins, c'est ce que m'a rapporté par la suite le chef d'une salle d'urgence qui avait suggéré cette solution pour motiver les médecins à augmenter leur charge de travail. Malheureusement, on le sait maintenant, ces primes étaient versées en dehors de tout cadre légal ou négocié.

En effet, pour trouver des médecins prêts à y travailler dans ces conditions difficiles, le directeur général offrait des primes illégales de 250,00 $ à 1000,00 $, en supplément aux honoraires légaux facturés à la Régie de l'assurance maladie du Québec (RAMQ).

D'ailleurs, dans une lettre qui m'était adressée, datée du 14 août 2001, le sous-ministre Pierre Gabrièle confirmait :

" Le versement de primes à des médecins dépanneurs en dehors des forfaits négociés […] est illégal. Le représentant du MSSS […] l'a mentionné publiquement au directeur général de l'hôpital le 13 juin dernier ".

Monsieur Gabrièle reconnaissait ainsi que l'on savait depuis le 13 juin 2001 que l'hôpital du Sacré-Cœur, soumis aux lois de son ministère, violait la loi (selon toute probabilité, cela était su déjà depuis la nouvelle de la "solution" annoncée par Rémy Trudel à l'émission de Michel Lacombe fin mai/début juin).

Mis au courant à la fin juin de cette situation de fait, je contactai immédiatement la FMOQ pour l'informer naïvement de cette disposition illégale. Mon intention n'était pas de mettre en péril, de quelque façon que ce soit, les avantages consentis à mes collègues mais bien de saisir l'opportunité de revoir à la hausse la rémunération et les conditions de pratique de l'ensemble des médecins d'urgence.

Aussi, je contactai le Dr Hugues Bergeron, responsable des affaires professionnelles. Celui-ci m'apparut un peu contrarié de cet intérêt de ma part et m'avoua être au fait de cette pratique depuis quelque temps déjà. Il me suggéra d'en saisir le président en exercice, le docteur Dutil, ce que je fis le jour même par écrit.

En référence à cet épisode, le docteur Dutil, président de la FMOQ, m'écrivait le lundi 15 juillet 2002 : " J'ai personnellement saisi le ministre Trudel de ce problème dès le mois de juin 2001 et eut avec monsieur Gabriele, à ces mêmes dates, une discussion fort virile sur le même sujet. Ce problème n'existait pas seulement à Sacré-Coeur mais dans plusieurs autres hôpitaux, parfois sous des formes différentes mais non moins illégales et concernait autant des médecins spécialistes que des omnipraticiens. La FMOQ demandait à monsieur Trudel non seulement de mettre fin à ces primes mais de leur substituer, par voie conventionnelle, une prime pour le travail de soir et de nuit. "

Le 26 juin 2001 au soir, dans un reportage de Anne-Louise Despaties, diffusé par Radio-Canada, le directeur général de l'Hôpital Sacré-Coeur reconnut publiquement verser ces primes. Dans le même reportage, le ministre Trudel déclarait que cela était illégal et devait cesser immédiatement.

Évidemment, rien ne fut fait. Cinq semaines plus tard, soit le 2 août 2001, j'écrivis à monsieur Gabrièle pour dénoncer l'inaction de son ministère. N'obtenant pas réponse ou accusé de réception, le 6 août 2001, j'écrivis au président de la FMOQ pour lui demander de prendre toutes les mesures pour faire respecter l'entente.

Or, le 14 août, soit plus de 2 mois après le reportage de Radio-Canada, en dépit des parades successives du ministre devant les médias où il affirmait que cette violation de la loi était intolérable, et bien que le ministère eut tout pouvoir pour agir, notamment via une mise en tutelle, aucune mesure légale ne fut prise pour s'assurer du respect de la loi! Pourquoi, alors, n'a-t-on pas agi? L'irrésolution du ministère est en partie expliquée au 3e paragraphe de la lettre que monsieur Gabrièle m'a fait parvenir :

"Malheureusement, l'hôpital a dû faire face à la possibilité de fermer son urgence et a eu recours à une pratique en dehors des lois permises pour s'assurer la présence des médecins [...] "

En clair, monsieur Gabrièle y reconnut que, pour éviter une rupture de services, son ministère a préféré ne pas forcer l'application de la loi. Cela sera vrai jusqu'à ce que des médecins d'urgence menacent de prendre des recours.

À cet effet, je discutai alors avec Me Primeau, l'avocate maison de la FMOQ, de l'opportunité d'une action en justice. Plusieurs alternatives furent évoquées, notamment le recours collectif ou une requête en mandamus pour demander à un juge de forcer le ministre à appliquer sa propre loi.

En raison de la "tiédeur" apparente de la FMOQ qui ne voulait pas prendre de mesure légale, je pris l'initiative de contacter un conseiller judiciaire pour évaluer les différents recours possibles. Ma démarche fut annoncée sur la liste d'envoi électronique urg-l où sont inscrits une grande partie des médecins d'urgence du Québec ainsi que certains employés du MSSS et quelques journalistes.

Une rencontre des médecins d'urgence de Montréal convoquée pour le 21 août y fut publicisée. Il est question d'y prendre position sur l'opportunité de recours légaux (recours collectif versus requête en mandamus) pour forcer l'application de la loi. Le débat y est lancé. Certains craignent que l'application de la loi puisse entraîner une rupture de services. D'autres, comme moi, y voient l'occasion de traiter le fond du problème et d'éviter le "maquillage".

Suite à cette prise de position, Isabelle Paré du journal *Le Devoir* me contacta dans l'après-midi du 21 août. Elle a appris sur urg-l l'existence de cette réunion. Le lendemain à la une du 22 août, *Le Devoir* annonce la menace de recours légaux des médecins d'urgence contre le ministre.

Mitraillé par les médias, le ministre Trudel change son fusil d'épaule, annonce une enquête sur les primes illégales à l'échelle de la province puis exige, le vendredi 24 août, que cesse le versement de primes à Sacré-Coeur au plus tard le 10 septembre, soit après la période de pointe estivale!

Le jeu de l'autruche

La manoeuvre était dilatoire mais élégante. Soit! Mais, alors que des statistiques bien connues par le MSSS démontrent qu'il y a attrition continue des effectifs médicaux en salle d'urgence, a-t-on tiré parti de cette mésaventure pour prévenir la répétition d'une pareille crise? A-t-on pris les mesures qui s'imposaient pour réduire le départ d'effectifs, pour en recruter de nouveaux ou pour inciter les trop peu nombreux médecins d'urgence à vouloir étaler leurs vacances estivales sur une plus longue période?

Malheureusement, non. Ni le MSSS ni la FMOQ n'ont apporté quelque solution structurelle à ce problème. Chacun devait jouer à l'autruche et poursuivre son agenda. La FMOQ ne négocia rien de substantiel pour les médecins d'urgence et obtint même de garder dans son enveloppe budgétaire globale les sommes allouées auparavant pour payer la centaine de médecins d'urgence qui la quittaient pour devenir spécialistes. Le MSSS ferma les yeux, ignora la crise qui fragilisait déjà 11 salles d'urgence à l'été 2001 et laissa survenir le déraillement prévisible.

Le 11 avril 2002, *Le Nouvelliste* titrait sous la plume d'Éric Langevin: " L'urgence du CHCM en péril ". On y apprend que la salle d'urgence de Shawinigan pourrait devoir fermer ses portes à partir du moi de mai. Le 31 mai, le même journal, cette fois via Marie-Ève Lafontaine, confirme que, à moins d'une solution de dernière minute, l'urgence sera fermée la nuit jusqu'à nouvel ordre.

Bien que le MSSS administre lui-même la banque de dépannage qui assigne des médecins aux centres en difficulté, aucune solution n'est apportée au problème de Shawinigan jusqu'au drame du 20 juin.

Une mort récupérée

Ce qui devait arriver arriva. Amené à la salle d'urgence de Shawinigan, à trois rues de chez lui, à 0 h 06 jeudi le 20 juin 2002, Claude Dufresne, en proie à une crise cardiaque, devait se heurter à une porte close. Transféré à Trois-Rivières, il devait décéder durant son transport. Une répétition tragique, en copie quasi conforme, de la mort de Jean-Guy Bacon en juillet 2000.

L'incurie du MSSS est flagrante. La pression populaire est forte et commande une réponse politique. Le MSSS doit faire diversion; il blâme donc la profession médicale et lui impute la responsabilité de cette tragédie. Une menace de loi spéciale est évoquée.

Incapable de développer des solutions assurant une permanence de couverture, le ministre entend violer les libertés fondamentales dés médecins d'urgence et leur imposer la corvée de couvrir en plus les centres déficitaires, en raison de conditions de pratique défavorables négociées avec son partenaire syndical.

Qui aurait pu croire qu'on puisse gouverner, se vouloir crédible et avoir comme politique de ne pas faire respecter la loi une année pour ensuite, après avoir joué à l'autruche pendant 10 mois, imposer une loi spéciale en guise de remède à une situation qui était prévisible?

Malheureusement, c'est là le pari électoral que fait le ministre qui entend de plus profiter de la situation pour compléter la réforme que Marc-Yvan Côté avait proposée 12 ans plus tôt. Peu importe pour le ministre que le contexte ait radicalement changé et que le Québec soit maintenant en pénurie d'effectifs. Il entend sanctionner la pénurie que son gouvernement a lui-même contribué à créer et pénaliser en plus ceux qui déjà ont une charge excessive. Bien qu'odieuse, la démarche se vend au niveau médiatique et donne l'illusion d'une gestion responsable.

Un viol toléré

Malgré cet assaut frontal qui limite les droits et libertés des seuls médecins ayant pratiqué déjà en salle d'urgence au cours des quatre dernières années, la riposte des syndicats de médecins est tout au plus tiède. Bien que la Loi d'exception 114 porte atteinte aux droits fondamentaux de près de 1 800 médecins omnipraticiens et spécialistes qui oeuvrent en urgence, c'est le projet de loi 142 qui concerne la FMOQ et la FMSQ. En effet, la loi 114 ne s'adresse qu'au petit nombre. Le projet de loi 142 menace, lui, l'autonomie des bureaux et cliniques privées, ce qui est intolérable pour la FMOQ.

Qu'il suffise de dire, pour le bénéfice du lecteur, que la loi 142 a pour but non seulement de répartir les effectifs au gré du ministre mais aussi de donner plein pouvoir au directeur d'une régie régionale de " rationaliser " ou couper les services médicaux pour se conformer à son budget.

Invité à la réunion annuelle des chefs d'urgence par l'Association des médecins omnipraticiens de Montréal, je suis sidéré de voir que la FMOQ subordonne la lutte des médecins d'urgence pour le respect de leurs libertés et droits fondamentaux à sa lutte féroce contre les contrats projetés par le MSSS auxquels devraient adhérer bureaux et cliniques privées. On évoque la menace de désaffiliation massive et la non-collaboration à la mise en place des groupes de médecine familiale si le MSSS continue dans cette voie. Un participant fait remarquer que la crise actuelle découle des carences en salle d'urgence et que la FMOQ devrait d'abord s'y adresser. Il est d'abord vertement sermonné avant qu'une position plus nuancée soit avancée par les ténors de l'association.

De fait, on pourrait en déduire que la FMOQ a voulu utiliser les médecins d'urgence comme monnaie d'échange dans ses tractations avec le gouvernement. Comment expliquer autrement son apparente apathie face au viol de leurs droits et libertés. Comment expliquer qu'elle n'ait pas sollicité la collaboration de l'Association des médecins d'urgence du Québec pour trouver quelques volontaires pour couvrir Shawinigan et Jonquière quand le ministre de la santé ou le premier ministre lui demandait de fournir un engagement de couverture? Comment expliquer qu'elle n'ait pas décidé de négocier une entente particulière ou prendre à même son enveloppe des primes incitatives pour permettre cette couverture?

Une des explications plausibles est qu'elle croyait soutirer du MSSS une enveloppe budgétaire supplémentaire pour faire face à la crise. Ce pari de la FMOQ et ce déni de sa responsabilité sociale auront trahi les médecins d'urgence et l'autonomie de la profession.

C'est là ce qu'il conviendrait d'appeler une deuxième trahison. Cependant, il faut dire que cela permettait aussi au MSSS d'avoir pleine justification apparente pour la réforme projetée.

La chasse au médecin d'urgence

À la mi-septembre 2002, la loi d'exception 114 s'applique déjà en Mauricie et au Saguenay. La Régie régionale du Saguenay éprouve de sérieuses difficultés à assigner des médecins compétents en salle d'urgence à Jonquière. Il semble que l' " incompétence " y règne en maître puisque sur l'ensemble des médecins contactés, seulement quelques-uns se disent aptes à fournir les services requis.

N'ayant aucun moyen de valider la compétence ou non des médecins approchés, la régie régionale du Saguenay fait au plus court : elle assigne des médecins qui pratiquent déjà en salle d'urgence mais à l'extérieur de son territoire!...

Sans se soucier des obligations existantes des conscrits, elle fait assigner par huissier, à quelques heures de préavis, des médecins qui ont déjà des engagements ailleurs. C'est ainsi, par exemple, que le chef d'urgence du centre de traumatologie du CHA pavillon Enfant-Jésus de Québec se voit forcé de délaisser son hôpital pour aller traiter des cas mineurs à Jonquière alors que son expertise et sa contribution sociale auraient été bien plus valables dans son centre d'appartenance.

Auparavant, c'était le docteur Martin Loranger, médecin d'urgence à l'hôpital Charles-Lemoyne, qui aura été assigné, lançant ainsi la valse burlesque des huissiers. Jusque-là médusés par les " bonnes intentions " du ministre, les médias se ressaisissent et publicisent le ridicule de l'application de la loi qui ordonne à un médecin qui travaille déjà dans un centre de traumatologie régional à faire cinq heures de route pour aller prêter main forte à Jonquière, une salle d'urgence secondaire, située à 15 minutes de celle de Chicoutimi.

Des mauvaises langues diront que ce vaudeville découle d'un mot d'ordre de la FMOQ pour mettre en lumière les " carences " du ministre. De fait, je n'en sais rien. Toutefois, ce que je sais, c'est qu'encore une fois les médecins d'urgence étaient laissés à eux-mêmes. Une fois de trop!

Le réveil d'hommes qui se veulent libres

C'était la goutte qui a fait déborder le vase. Il n'en fallait pas plus pour que s'amorce la volonté d'une syndicalisation indépendante en dehors de la FMOQ. Supporté par l'Association des médecins d'urgence du Québec, un groupe de médecins d'urgence décide de se doter d'un nouveau syndicat afin de défendre ses droits.

Le mardi 24 septembre 2002, le matin précédant une assemblée des membres de la FMOQ à Montréal, le Regroupement des médecins d'urgence du Québec (REMUQ) annonce sa création en conférence de presse. La couverture médiatique nationale marque le ras-le-bol des médecins d'urgence qui expriment ouvertement leur dissidence vis-à-vis leur syndicat qui ne sait pas faire respecter leurs droits.

La démarche porte fruit puisque le ministre Legault ordonne que cesse la convocation par huissier des médecins d'urgence. De plus, déjà le mercredi 25 septembre, le docteur Christian Hobden, président fondateur du nouveau regroupement, est convoqué pour rencontrer le ministre à Montréal le mardi 1er octobre, en présence du président de l'Association des médecins d'urgence du Québec (AMUQ) et de celui de l'Association des spécialistes en médecine d'urgence du Québec (ASMUQ).

Un document de travail cohérent est remis au ministre. Un plan, étalé sur 12 mois, permettrait de résoudre la crise et d'assurer les démarches nécessaires afin d'éviter sa répétition prochaine. Le ministre est courtois mais laisse comprendre qu'il ne veut pas reconnaître d'emblée le nouveau regroupement comme organisme représentatif des médecins d'urgence, de peur de s'aliéner la FMOQ. On comprendra bientôt pourquoi....

La deuxième vente aux enchères

La FMOQ est en négociation intense avec le MSSS pour soustraire les bureaux et cliniques privées de l'application de la loi 142. Le ministre veut une entente au plus tard le 25 octobre. Or, le 24 octobre, le sous-ministre Pierre Gabrièle, convoque le docteur Hobden, en l'absence de la FMOQ, pour discuter de la solution proposée par le nouveau regroupement.

Le Dr Hobden y propose que le budget, alloué aux urgences, soit haussé à environ 1 % du budget de la santé. Cela permettrait de bonifier la rémunération existante, de la ramener à un niveau comparable à celle des cliniques sans rendez-vous et d'augmenter aussi l'enveloppe budgétaire pour permettre de recruter et former un nombre supérieur de médecins d'urgence. La réunion se termine sans accord d'autant plus que le REMUQ avait déjà demandé, de concert avec le Conseil pour la protection des malades, qu'une enquête publique soit tenue afin de faire la lumière sur tous les facteurs responsables du manque d'accessibilité aux soins d'urgence depuis la mort de Jean-Guy Bacon en juillet 2000. Évidemment, cette demande est restée lettre morte auprès du ministre de la Santé et de son gouvernement.

La semaine suivante eut lieu le congrès annuel des médecins d'urgence du Québec. L'Association des jeunes médecins du Québec (AJMQ) y fit une sortie contre les clauses discriminatoires. Dès le lendemain, le ministre Legault annonça son intention d'abolir les clauses discriminatoires pour les médecins de moins de 10 ans de pratique. Cela donnait l'impression que le MSSS faisait amende honorable et reconnaissait l'injustice antérieure. De plus, cela orchestrait le support un peu naïf de l'AJMQ qui tenait pour acquis que le ministre prenait sa défense vis-à-vis les fédérations médicales.

De fait, on l'apprendra ensuite, la discrimination sera ré-enchassée dans la loi 142 sous une forme différente mais, cette fois-ci, pour les médecins de moins de 15 ans de pratique! En effet, l'obligation de couverture en salle d'urgence ou de pratique hospitalière lourde ne touche que les médecins de moins de 15 ans de pratique, à moins de conditions exceptionnelles. L'AJMQ aura été bernée et, pour la remercier, ne sera même pas convoquée lors des consultations particulières de la Commission des affaires sociales tenues avant la promulgation de la loi 142.

Se surprendra-t-on de savoir que le Collège des médecins du Québec n'a pas été invité non plus à cette commission où le gouvernement entendait décider du futur cadre de la pratique médicale ...alors que l'on y invitait les centres jeunesse? Se surprendra-t-on de savoir que le REMUQ, malgré l'insistance de l'opposition libérale qui demanda sa convocation à trois reprises, ne sera pas invité non plus? Pas quand on sait que cette commission devait se tenir le soir où la presse parlementaire était convoquée ailleurs à un souper annuel et que la salle choisie était sans caméra!

Il aura fallu alerter les médias pour que le MSSS en vienne à un minimum de transparence face à un projet qui change radicalement les paramètres d'exercice de la médecine au Québec.

Entre-temps, la FMOQ se sera entendue avec le MSSS sur la " prolongation " de son entente. On y annonce une augmentation de 17% de l'enveloppe budgétaire consacrée aux urgences sans définir comment cette somme sera effectivement distribuée ni si les sommes non allouées en fin d'exercice devaient être redistribuées dans l'enveloppe globale. On y annonce aussi plusieurs autres mesures ponctuelles telles que le jumelage entre l'hôpital de Pierre-Boucher et celui de Shawinigan, ce qui ne règle en rien les problèmes structurels de couverture provinciale des salles d'urgence.

Toutefois la FMOQ, pour une deuxième fois en 12 ans, donne carte blanche au MSSS d'imposer, via une loi discriminatoire, une responsabilité qu'elle ne veut pas faire partager par l'ensemble de ses membres. Ainsi, seuls les médecins de moins de 15 ans de pratique seront soumis à l'obligation de faire de l'urgence selon les plans d'effectifs du ministère et sous peine d'une sanction économique importante. De fait, cet accord prendra effet en juillet 2003. Par magie, " l'urgence nationale " qui a commandé la loi d'exception en juillet 2002 est disparue sans véritables ajouts de nouveaux effectifs!

L'histoire se répète à 12 ans d'intervalle! Il faut croire que le sous-ministre Pierre Gabrièle, pourtant diplômé d'histoire, connaît bien mal cette page de l'histoire du Québec puisqu'il choisit, comme solution porteuse, la répétition d'une mesure tentée 12 ans plus tôt et qui s'est soldée par un échec monumental.

Dans les faits, la FMOQ a obtenu 83 millions dont supposément 22 millions pour les urgences par une entente qui arrivera à échéance le 30 juin 2003. Cependant, ce qui est passé plutôt inaperçu est le fait qu'elle a obtenu, en dehors de l'enveloppe budgétaire régulière, une somme additionnelle de 160 millions de dollars pour la mise en place de 300 groupes de médecine familiale (GMF) au cours des trois prochaines années. À cet effet, elle a fait miroiter au ministre Legault que, par le fait même, il solutionnerait en grande partie la problématique des urgences. Considérations électorales obligent, il est beaucoup plus intéressant de promettre à tous un médecin de famille pour les " suivre " dans un avenir rapproché qu'un médecin compétent et disponible pour traiter leur infarctus maintenant…

Ainsi, en novembre 2002, le ministre Legault loue la collaboration du Dr Dutil et s'enorgueillit de son plan de doter le Québec de 300 GMF. Cette promesse fera vraisemblablement partie de la prochaine campagne électorale. Peu importe que les attentes soient réalistes en autant que la promesse se vende bien.

L'échec d'une loi stupide

Évidemment, cette promesse ne tient pas la route et sera tout au plus un mirage électoral pour créer diversion à un échec flagrant.

On se rappelle qu'en juillet 2002, suite à une " rencontre de la dernière chance " avec les présidents des trois fédérations médicales, le premier ministre Bernard Landry décidait de se ranger à la décision du ministère de la santé et de faire voter la loi d'exception 114. N'ayant pu obtenir la garantie absolue que toutes les urgences du Québec seraient ouvertes 24 heures sur 24, il a ainsi décidé de faire appliquer cette loi autoritaire pour garantir un accès permanent aux services d'urgence.

Il faut ici savoir qu'il n'y avait environ qu'une dizaine de plages horaires non couvertes à Shawinigan au moment de voter cette loi spéciale, alors qu'en décembre, il y en avait à peu près 60 non couvertes à Port-Cartier quand on renoncera à faire appliquer la loi! Se pourrait-il que seules des considérations électorales aient motivé un gouvernement en proie à une chute vertigineuse de popularité à violer les libertés et droits fondamentaux des médecins, pariant ainsi sur le support populaire à une loi " musclée "?

En effet, jeudi le 12 décembre 2002, malgré cette loi inique qui entame les libertés civiles des médecins d'urgence, le ministre de la santé François Legault, questionné par l'opposition libérale, a dû reconnaître que les prétentions de son ministère à garantir un accès permanent aux services d'urgence n'étaient pas remplies. Précisément, en référence à l'urgence de Port-Cartier le soir et la nuit, il affirmait que certaines urgences sont " plus importantes que d'autres ". En effet, la salle d'urgence de Port-Cartier n'avait plus de médecin de garde après 18 h, le soir, et la nuit, depuis le 1er décembre! Et il était prévu que cela demeure ainsi jusqu'au 1er février…

En quoi, la population de Port-Cartier est-elle moins importante que celle de Shawinigan? L'urgence de Port-Cartier dessert près de 8 000 personnes qui sont, tout comme pour Shawinigan, à plus de 45 minutes d'un centre de référence majeur, Sept-Iles dans ce cas-ci. Y aurait-il là incohérence ministérielle? Il faut croire qu'on ne peut régler un problème de pénurie à coups de bâtons…

Cela est tellement vrai que, en désespoir de cause, le vendredi après-midi 27 décembre, le coordonnateur provincial des urgences et employé du MSSS faisait parvenir à tous les médecins d'urgence inscrits sur la liste d'envoi électronique urg-l le message suivant : " Mesure d'exception durant cette période des fêtes. Je sollicite les abonnés d' urg-l. Dépanneurs demandés jusqu'au 17 janvier 2003 au Centre de santé des 7 Rivières, à Port Cartier, pour fournir du support aux 4 médecins qui demeurent. Des périodes de garde quotidiennes de 18 h à 08 h sont disponibles. Les ententes habituelles s'appliquent. "

On pourrait alléguer que ce n'est là qu'un accident de parcours et que la nouvelle loi 142 sur la répartition des effectifs médicaux corrigera cette situation. Mais, avec quels effectifs nouveaux puisque les nouveaux plans d'effectifs ne seront pas en vigueur avant juillet 2003? Selon quels critères de compétence puisque seuls s'ajouteront des jeunes diplômés en début de carrière? Pourquoi une loi d'exception si, ensuite, on doit se contenter d'un vide de service? Serait-ce que seul le maquillage politique compte en dernier lieu?

Un maquillage hideux

Évidemment, on se défendra en disant que, avec les groupes de médecine familiale qui seront mis en place par la FMOQ, la population sera mieux servie et les besoins en urgence seront moindres. Toutefois, il faut être naïf ou vouloir entretenir un mirage électoral pour croire ou faire croire que ces groupes de médecine familiale assureront une garde parallèle de " 24 heures sur 24 " pour décongestionner les urgences qui, elles, ne sont pas encore systématiquement couvertes! En a-t-on aussi fait la promesse aux gens de Port-Cartier?

Par ailleurs, si l'utilité des groupes de médecine familiale semble raisonnable pour faire le suivi de patients chez lesquels on a déjà posé un diagnostic, il en est tout autrement pour diagnostiquer de nouvelles conditions chez des patients présentant un problème aigu. Comment pourrait-il en être autrement en 2003 avec seulement un stéthoscope et un crayon? Ah! oui, on pourrait les doter de laboratoire et de capacité d'imagerie? Pourquoi pas? Quelques milliards de dollars plus tard, cela constituerait autant de nouveaux petits hôpitaux…

Évidemment, tout cela est fantaisiste. Mais là n'est pas le point puisque tout est perception en politique. À titre d'exemple, le ministre se vante d'avoir augmenté les admissions en faculté de médecine de 60 %, soit de 449 à 671. Toutefois, on ne dit pas que, de ce nombre, il faut retrancher ceux qui, par la loi, seront obligés de retourner dans leur province. Il n'est pas dit, non plus, que les quelque 210 étudiants de plus par année ne font que ramener le nombre total d'admissions en médecine au même niveau que celui d'avant les coupures sériées et planifiées par les gouvernements de son parti depuis 1981. À court terme, toutefois, l'augmentation du nombre d'omnipraticiens en pratique représentera, tout au plus, quelques dizaines de médecins en 2003, 2004 et 2005.

Or, c'est à une planification du même type que nous convie collectivement la loi 142 avec plans régionaux d'effectifs médicaux. Curieusement, ni les médias ni la population ne semblent se remémorer l'histoire récente et acceptent de bonne foi ce qui ne peut être qu'une autre façon pour le ministère de limiter l'accès aux services. Puisqu'il reviendra au directeur de la régie régionale de définir la nature et le volume des activités, il y a certainement lieu de craindre que le volume des activités ne sera plus dicté par la productivité des médecins mais bien par le budget régional.

Cela ne devait pas empêcher la FMOQ de servir et se servir à cette logique trompeuse.

Un mirage payant

240 millions (soit près du quart de son enveloppe budgétaire existante) à aller chercher lors d'une seule séance de prolongation d'entente, cela ne se présente pas souvent! On comprendra donc que la FMOQ ait su profiter de la mésaventure du ministre et du besoin de redorer son blason après l'échec annoncé de la loi 114. Peu importe qu'on y vende, en partie, l'autonomie d'une génération ou qu'on y leurre la population en annonçant qu'ainsi sa sécurité sera mieux assurée. Ce qui compte, c'est que les intérêts politiques et syndicaux soient servis.

D'un côté, la FMOQ y engrange des gains substantiels en période de " crise budgétaire " et le ministre peut commencer à capitaliser politiquement sur les GMF qui permettront à tous les Québécois d'avoir dorénavant un médecin de famille qui assurera leur couverture, 24 heures sur 24. Toutefois, on se gardera de dire que cette couverture de soir ou de nuit se fera vraisemblablement par répondeur ou ligne téléphonique. On suggérera encore aux patients de se rendre à l'urgence s'ils nécessitent tests de laboratoire, imagerie ou procédures urgentes.... La beauté de l'échange de bons procédés vient du fait que sur les 160 millions, alloués aux GMF par le gouvernement du Parti québécois, plus des 2/3 proviennent d'un fonds fédéral consacré aux soins de première ligne qui aurait pu aussi servir à améliorer la condition des urgences. Inutile de dire que la provenance de ces fonds ne sera pas publicisée par le gouvernement actuel.

On comprend mieux ainsi que la FMOQ ait tout fait pour faire avaliser cette entente, quitte à ne pas tenir d'assemblée dans plusieurs de ses associations. Puisqu'il ne s'agissait que d'une "prolongation d'entente", les règlements permettaient aux seuls membres du conseil des associations de voter. Curieusement, même dans une région phare comme Montréal où la majorité fait de la pratique de bureau, quand l'opinion des membres a été sollicitée, le vote a été négatif. Ce " vice " démocratique a failli faire couler l'entente mais, habilement, la FMOQ a su prévenir le coup en désignant les 127 délégués qui ont voté à 75 % pour cette modification radicale de la pratique des 7 800 membres. Ainsi on abandonnait les jeunes médecins et les confrères spécialistes.

Les médecins d'urgence étant piégés par elle, la FMOQ a beau jeu de maintenir vivante l'éternelle crise des urgences pour bonifier les conditions de la majorité de ses membres. Il faut saluer l'intelligence des négociateurs de la FMOQ devant un ministre impatient et un sous-ministre qui n'y voit que du feu.

Malheureusement, rien dans tout cela ne vient répondre réellement aux attentes de la population en matière de soins d'urgence ni aux familles de messieurs Bacon et Dufresne dont la mémoire sera ainsi trahie par les différents protagonistes. Seront-ils finalement morts en vain? La population du Québec sera-t-elle dupée au profit de ces gains syndicaux ou politiques? L'avenir nous le dira.

Responsabilité sociale

Dans la loi actuelle, le ministre de la santé a tout loisir de choisir la FMOQ comme représentative ou non de la médecine d'urgence. Ce faisant, il lui donne par conséquent l'enveloppe budgétaire et le mandat de déterminer les conditions de rémunération et de rétention d'effectifs médicaux en salle d'urgence. Si ces politiques s'avèrent désastreuses, le ministre a tout pouvoir de révoquer ce mandat.

Or, il faut croire que, même si la FMOQ a failli à sa responsabilité sociale en ne couvrant pas Shawinigan en juillet 2000 puis en mai et juin 2002, elle est trop utile au gouvernement, à la veille d'élections, pour qu'il s'en formalise.

Suis-je excessif et partisan quand je questionne la représentativité de la FMOQ? Pour y répondre, voyons les conclusions du mémoire sur la représentativité de la FMOQ produit au ministre Marc-Yvan Côté le 4 septembre 1992. Référons-nous à la page 21 :

" À défaut d'une contestation revêtant un caractère sérieux de la part des omnipraticiens eux-mêmes, nous croyons fermement que le Ministère n'aurait pas de raison de remettre en question une reconnaissance renouvelée à maintes reprises depuis une trentaine d'années.

Le ministre serait justifié de le faire s'il y avait évidence que la Fédération ne respecte pas ou ne fait pas respecter l'Entente, qu'elle ne prend pas la défense, selon les principes reconnus, de tous ceux qu'elle représente [...] Or, il n'y a jamais eu de dénonciation contre la Fédération à cet effet.

Le ministre pourrait probablement s'interroger si la FMOQ ne s'acquittait pas de ses responsabilités envers la population. Or, la Fédération a dû, pour protéger la population, prendre des mesures impopulaires auprès de ses membres. Ce fut le cas notamment lors de la crise qui a précédé les négociations concernant l'entente particulière des Iles-de-la-Madeleine. Les médecins des Iles ayant décidé de retirer leurs services, des médecins furent dépêchés sur place à bord d'un avion nolisé par la FMOQ pour éviter que les gens des Iles demeurent sans soins médicaux.

Enfin, le ministre pourrait remettre en question la représentativité de la FMOQ si elle ne respectait pas les principes démocratiques tant au niveau des associations affiliées que de la Fédération elle-même. Or ce dossier demeure vierge.

Nous croyons donc que le ministre, en dehors des situations particulières décrites précédemment, doit continuer de reconnaître la FMOQ comme seule et unique représentante de tous les médecins omnipraticiens aux fins de négocier et de conclure toute entente en vertu de l'article 19 de la Loi de l'assurance maladie."

Or qu'en est-il de ces quatre points sur lesquels s'appuie la FMOQ pour déclarer sa représentativité incontestable? Chacun des points semble avoir été violé au cours des deux dernières années.

En effet, à l'automne 2002, un groupe de près de 300 omnipraticiens qui travaillent en médecine d'urgence conteste sa représentativité au point de créer un syndicat indépendant et de demander au ministre une reconnaissance distincte.

L'an dernier, en août 2001, ce sont des médecins d'urgence qui ont dû mandater un représentant légal pour amener le ministre à faire respecter l'Entente concernant les conditions de pratique en médecine d'urgence. C'est bien parce que le ministre s'entêtait à ne pas faire respecter sa propre loi et que la FMOQ ne voulait pas en référer à la Cour que les médecins d'urgence ont dû prendre cette affaire entre leurs mains.

Cette année, contrairement aux mesures énergiques prises lors de la crise des Îles de la Madeleine, la FMOQ a laissé la population de Shawinigan sans couverture médicale d'urgence la nuit en mai et juin 2002. En conséquence, le gouvernement a imposé une loi d'exception qui ne visait que les seuls médecins ayant déjà oeuvré en urgence au cours des quatre dernières années.

Finalement, la FMOQ a entériné une modification radicale des critères de pratique de ses membres sans même les consulter dans leur ensemble via un vote en assemblée de toutes ses associations.

Il est clair que si, malgré ces manquements évidents, le ministre a choisi de ne pas révoquer le statut de représentativité de la FMOQ pour la médecine d'urgence, c'est qu'il croit avoir obtenu d'elle un avantage politique pour les prochaines élections. La sécurité de la population serait-elle secondaire à la sécurité du parti? Encore qu'il faille croire que le mirage des GMF réussira à convaincre une portion congrue de l'électorat...

Les solutions

Il n'y pas de solution facile immédiate. Or la vérité n'est pas ce qui paye le plus en politique. Pourtant, il apparaît clair que la représentativité directe des médecins d'urgence est la solution la plus logique pour venir à bout d'une crise qui est perpétuée de façon structurelle, notamment aux fins de gains syndicaux tel que vu précédemment.

Le regroupement des médecins d'urgence (REMUQ), lui, se déclarait prêt lors de la rencontre avec le ministre le 1er octobre 2002 à corriger cette crise structurelle et à s'engager à assurer la couverture des gardes en salle d'urgence à la grandeur du Québec si quatre conditions essentielles étaient d'abord remplies :

- Reconnaissance syndicale du REMUQ par le MSSS : le REMUQ deviendrait ainsi seul organisme représentatif des omnipraticiens dans le champ d'exercice de l'urgence avec application de la formule RAND (afin de pouvoir asseoir la base d'effectifs);
- Allocation d'une enveloppe budgétaire spécifique à l'urgence assurant la parité avec les pratiques plus légères (sans rendez-vous) ou les pratiques équivalentes dans les provinces limitrophes (pour assurer la rétention, le recrutement et la formation des effectifs);
- Engagement du MSSS à entériner et mettre en oeuvre les dispositions du document conjoint présenté au ministre le 1er octobre 2002;
- Engagement du MSSS à ne mettre en place aucune autre disposition coercitive ou discriminatoire dans le champ d'exercice de la médecine d'urgence.

Pour les raisons que l'on sait cette offre a été rejetée. Cela est malheureux car il nous apparaît certain que les pistes proposées étaient les bonnes et assuraient la compétence requise. En quoi est-il préférable, par exemple, de garder la salle d'urgence de Shawinigan ouverte la nuit si le médecin qu'on y consulte n'a pas les habiletés nécessaires pour prodiguer des soins d'urgence... et que le prochain qui le pourrait ne commencera son quart de travail que dans plusieurs heures, soit plus de temps qu'il n'en faut pour aller en ambulance de Shawinigan à Trois-Rivières?

En effet, on ne forme pas de force en quelques jours des médecins non motivés à des habiletés aussi particulières que la maîtrise des techniques et des connaissances de la médecine d'urgence.
Notons qu'entre 1994 et 1997 seulement, le nombre d'omnipraticiens pratiquant la médecine d'urgence a diminué de 15 %. Il faut donc recruter, encadrer et former de nouveaux effectifs s'ils ne sont pas familiers avec les techniques d'urgence, un processus qui requiert au minimum plusieurs mois. Il faut aussi mieux exposer et familiariser les étudiants et résidents en médecine familiale avec la médecine d'urgence si on veut qu'ils soient à l'aise avec cette pratique.

On voit donc que l'ajout d'effectifs nouveaux et compétents qu'entraînera à brève échéance la seule loi 142 est insignifiant. Se pourrait-il que le seul impératif de sauver les apparences soit à l'agenda politique? Si on passe outre à la formation, on pourrait décider de n'utiliser ces effectifs "insuffisamment formés " que comme " surnuméraires " pour les consultations ambulatoires et mineures. Laissés à eux-mêmes, plusieurs de ces médecins pourraient ne pas prendre le risque de libérer un patient problématique et en laisser la responsabilité à un autre médecin, ce qui impliquerait des durées de séjour prolongées en salle d'urgence et une congestion accrue.

De plus, la non-familiarité avec des cas plus lourds pourrait entraîner aussi une multiplication indue de tests de laboratoire et de consultations en spécialités. La conséquence immédiate de cette solution "improvisée" pourrait être la dégradation de la qualité de la médecine d'urgence au Québec, une médecine que des générations de médecins se sont évertuées à bâtir.

Il faut donc reconnaître le champ de pratique de la médecine d'urgence et lui donner les moyens de s'assumer. La FMOQ, à l'évidence, ne le permet pas vraiment. De plus, elle a laissé le MSSS gérer la banque de dépannage en effectifs médicaux. Sa gestion déficiente explique en grande partie l'incapacité de la FMOQ à recruter 5 à 10 médecins pour couvrir quelques gardes en juillet dernier et éviter ainsi la loi spéciale.

Il appartient au gouvernement de s'assurer que son mandataire a l'expertise et les ressources voulues pour savoir remplir son mandat.

Cette mascarade entourant la loi 142 ne peut servir le MSSS que comme solution tampon pour reporter la crise et une prochaine ronde de négociations à plus tard. Malheureusement, rien ne garantit que ce " tampon " tiendra jusqu'aux élections, soit au printemps 2003.

Gestion responsable

Ces élections seront donc l'occasion pour la population du Québec de faire des choix et de se prononcer sur les grandes orientations en matière de santé. Je veux croire que la population saura passer outre aux jeux de pouvoir et d'influences politiques pour enfin aspirer à une gestion responsable d'un bien que nous chérissons tous : la santé.

Le premier devoir d'une société humaniste est l'assistance à personne en danger. C'est la raison pour laquelle il me semble juste de dire que l'on peut mesurer la maturité d'une société aux moyens et à l'expertise qu'elle sait et veut déployer pour porter assistance à ceux qui se trouvent en position aiguë de vulnérabilité.

Certes, comme toutes les autres activités humaines, l'exercice de la médecine est parfois essentiel, parfois accessoire, dépendamment du champ d'application. Un des rares mérites de la loi d'exception 114 est d'avoir reconnu, du moins du mois de juillet à décembre 2002, que la médecine d'urgence est essentielle. Malheureusement, le gouvernement n'a pas été conséquent et ne lui a affecté ni les ressources ni la reconnais-sance qu'elle mérite. Beaucoup reste donc à faire. Dans l'environnement budgétaire que nous connaissons, il sera impérieux de revoir nos priorités et de faire nos choix en conséquence. Voyons quelques-unes de ces priorités.

Organisation hospitalière et éthique sociale

Nul ne peut douter qu'il est plus important d'avoir accès rapidement à un médecin compétent en cas d'infarctus aigu que pour faire vérifier de

façon routinière son taux de cholestérol sanguin. Aussi, revenons aux conditions générales d'accès aux services d'urgence.

Ni un groupe de médecine familiale ni une clinique privée ni un bureau médical ni même un CLSC ne constituent une unité d'urgence. Pour pouvoir répondre adéquatement aux besoins d'une personne en danger, une unité d'urgence commande l'accès immédiat à un plateau technique nécessaire et suffisant (laboratoires, radiologie, bloc opératoire. etc.). En conséquence, on ne peut ignorer l'impact de l'organisation des services et la nécessité d'un personnel médical et infirmier bien formé et compétent dans ces unités d'urgence si on veut offrir une garantie de sécurité à la population.

Aussi, l'utilisation de cliniques ou GMF comme pivots pour désengorger les urgences ne se justifie que si elles sont juxtaposées physiquement à des unités d'urgence dotées d'un plateau technique adéquat. Ainsi il est possible de répondre efficacement aux besoins d'une clientèle ambulatoire en maximisant l'accès à des services diagnostiques autrement excessivement onéreux. La concentration de ces services d'accueil autour et à proximité immédiate de l'hôpital est une solution autrement plus adéquate que la fantaisie de croire que n'importe quel GMF isolé et sans plateau technique sera à même de répondre aux besoins de la population.

Notons de plus que l'informatisation des urgences, un moyen essentiel à la gestion efficace du processus diagnostic et du traitement tarde à se concrétiser. Elle est souvent limitée à des outils de gestion administrative alors que sont disponibles des outils informatisés pour le travail clinique. Dans un contexte de pénurie de la main-d'œuvre, il semble évident qu'il faille se doter de ces outils pour alléger la tâche. Il est dommage que le projet gouvernemental d'informatisation des GMF ait pris le pas sur celui des urgences où l'informatisation est bien plus nécessaire.

Enfin, le support du réseau par rapport aux hôpitaux et aux urgences doit être revu afin d'optimiser la disponibilité et l'accès aux lits de courte durée. Quand on sait que le CHUM et le Centre de santé McGill comptent régulièrement de 120 à 150 lits occupés par des patients en soins prolongés, on comprend mieux la difficulté de monter les patients à l'étage et de décongestionner les salles d'urgence.

Aucun de ces changements nécessaires ne surviendra sans qu'on y mette le prix. Aussi, dans une société où les ressources sont limitées et doivent être arbitrées, il y a lieu de se poser des questions éthiques sur les priorités médicales et le niveau d'intervention nécessaire.

Alors que les fonds publics sont limités pour fournir à l'école une collation nécessaire à des enfants pour qui la malnutrition engendrera des déficits d'apprentissage aux lourdes conséquences sociales et sanitaires, comment peut-on justifier procéder à des manoeuvres coûteuses et invasives auprès de patients condamnés ou sans qualité de vie? Est-il toujours nécessaire de s'acharner envers et contre tout ou serait-il mieux de donner une chance de s'épanouir à une jeunesse autrement condamnée?

Est-il aussi nécessaire de vouloir médicaliser la vie et toutes ses conditions et d'y consacrer des ressources excessives, notamment en prescriptions pharmaceutiques? On a fait grand cas récemment des demandes de parité salariale des médecins spécialistes du Québec en les taxant d'irresponsables. Sait-on que ces demandes de rattrapage salarial, soit environ 500 millions de dollars étalés sur trois ans, sont inférieures du tiers à l'accroissement annuel régulier du budget de l'assurance médicaments? Or, des études récentes prouvent que, dans un grand nombre de cas, certains médicaments bon marché sont souvent aussi efficaces que les nouvelles trouvailles beaucoup plus onéreuses. Est-il préférable d'avoir accès à un médecin compétent pour obtenir diagnostic ou traitement ou bien de subventionner de nouvelles molécules sans égard à leur réelle valeur ajoutée? Évidemment, pour des raisons politiques, il est plus facile de s'attaquer aux médecins qui se consacrent aux patients qu'au lobbying de l'industrie pharmaceutique.

Un autre mirage qui tient presque de la religion est celui de la "nécessité" universelle de l'examen médical exhaustif et du bilan annuel à fin de prévention. Mise à part la cytologie vaginale annuelle, il y a peu d'évidences statistiques fortes qu'un examen annuel exhaustif chez le jeune adulte en santé et sans problématique familiale amène quelque protection que ce soit. Il est aussi significatif de savoir que certaines provinces canadiennes ne couvrent pas ce type d'examens, à moins de justification clinique. Toutefois, au Québec, les grilles tarifaires négociées avantagent encore ceux qui se "consacrent" à la médecine de gens en santé? Pourquoi affecter autant d'effectifs médicaux à une pratique de bilans de contrôle qui pourraient tout aussi bien être faits par du personnel infirmier spécialisé alors que leur expertise permettrait de dégager ces mêmes effectifs pour un travail médical plus pertinent?

Finalement, trop souvent le concept d'urgence est éminemment subjectif et relève simplement de l'ordre de gestion des priorités du patient.. Si le seul coût à assumer pour avoir accès à une consultation professionnelle même injustifiée est l'attente, pourquoi s'en priver? Cela explique plusieurs consultations abusives. Il faut rapidement en arriver à développer un mécanisme de " modération " de ces urgences toutes relatives. À défaut de le faire et à continuer à toujours surtaxer des ressources déjà en pénurie, on en vient à limiter l'accès aux véritables urgences par carence de personnel et délais excessifs.

On voit donc qu'à défaut d'avoir le courage politique d'adresser ces questions difficiles, il est plus que probable que les urgences vivront d'autres crises où leur mission ne sera toujours pas assurée. Manifestement, ce n'est pas la voie courageuse de la responsabilité ni celle de la cohérence que semble prendre le gouvernement actuel.

Espérons que, finalement, le bon sens prévaudra. Que tous ceux et celles qui croient encore qu'un système de santé public doit prioritairement porter assistance à personne en danger l'expriment haut et fort. Que cette volonté soit clairement entendue de sorte que nos gouvernants s'y conforment. Autrement, nous risquerons aussi, nous ou nos proches, d'être éventuellement condamnés à mourir en vain.

Petit guide de survie

Le système de santé actuel fonctionnerait
parfaitement bien s'il n'y avait pas de malades.

Effectivement, dans de telles conditions, il n'y aurait pas de débordements aux urgences, pas de listes d'attente en oncologie, en chirurgie cardiaque ou ailleurs et pas de pénurie de médecins ou de personnel infirmier. Malheureusement pour notre ministre, telle n'est pas la situation. Un jour ou l'autre tout un chacun doit recourir au système de santé. Quand ce dernier est gravement malade, que faire ? Voilà donc le but de ce petit guide de survie.

Première règle

La première règle découle directement de notre citation initiale. Elle vise à être malade le moins possible. Pour ce faire, évitons le tabac et les abus. Il n'est plus besoin d'épiloguer longtemps sur les dangers du tabagisme. Quant aux abus, dont on doit se méfier, il y a d'abord l'alcool et certains aliments. Malgré toute la couverture médiatique sur les effets bénéfiques du vin et même de la bière, la consommation d'alcool m'a toujours paru apporter plus de problèmes que de solutions en santé. La modération est un concept sciemment flou qui favorise bien plus les goussets de la SAQ que votre taux de cholestérol. En ce qui concerne l'alimentation, le plus grand problème réside dans la surconsommation et dans le choix des aliments. De manière générale, on mange trop et mal. Quand le réfrigérateur est rempli de boissons gazeuses, et le garde-manger de friandises, de biscuits et de pâtisseries de toutes sortes, il ne faut pas se surprendre d'engraisser. Le troisième facteur préventif d'importance est l'exercice physique. La sédentarité tue. L'organisme a besoin de bouger afin de se maintenir en santé. Finalement le dernier facteur est l'hygiène. Apprendre à se laver les mains le plus souvent possible et à se brosser les dents évitent bien des infections. Lorsqu'on est parent, ces quelques principes élémentaires sont encore plus importants. Les enfants apprennent bien plus par l'exemple que par n'importe quel beau discours. Il est à noter que pour cette première règle, nul ne peut blâmer le gouvernement. La santé est d'abord et avant tout une responsabilité personnelle. Aucune aide gouvernementale ne pourra remplacer un papa ou une maman mort de son tabagisme.

Deuxième règle

Idéalement, chacun devrait avoir un médecin de famille et le visiter selon les besoins réels. Un bon suivi médical, surtout dans la quarantaine et plus, s'avère un moyen fort efficace pour éviter bien des maladies. Il est possible de soigner efficacement la majorité des affections si elles sont traitées dès les premiers symptômes ou avant. Et cela est de plus en plus vrai.

Par exemple, il est plus facile et surtout plus efficace d'abaisser un taux de cholestérol élevé en modifiant le régime alimentaire ou en prenant les médicaments appropriés, que d'avoir à subir un triple pontage coronarien. Cette deuxième règle n'est pas toujours facile à respecter. D'une part, certaines régions manquent de médecins omnipraticiens, et d'autre part, les mesures annoncées (les fameux GMF) vont peut-être atteindre leur but électoraliste, mais peut-être pas tous les objectifs visés.

Troisième règle

Il ne faut surtout pas attendre qu'un problème de santé se dégrade au point de devenir une urgence avant d'intervenir. C'est tout aussi vrai en santé physique qu'en santé mentale. Attendre d'être rendu au bout du rouleau ne pourra qu'empirer la situation. En consultant tôt, on améliore grandement les chances de guérison. De plus, il est ainsi possible d'éviter de se retrouver dans une salle d'urgence surpeuplée à attendre des heures et des heures, avant d'être diagnostiqué et traité.

Rappelons-nous le tragique exemple de cet homme de Sherbrooke qui, en novembre 2002, souffrant d'une dépression profonde, s'est rendu à l'urgence de l'endroit. Après six heures d'attente, il a quitté la salle sans en aviser qui que ce soit. Il s'est suicidé en se jetant en bas du pont, près de l'hôpital.

Quatrième règle

Il serait mieux d'établir, le mieux possible, la gravité de son état avant de se rendre à l'urgence d'un hôpital. De cette manière, on peut s'éviter bien des heures d'attente et par surcroît, laisser la place à ceux qui en ont vraiment besoin.

Si vous n'êtes pas certain de la nécessité de vous rendre à l'urgence, je vous suggère d'utiliser la ligne Info-Santé. Ils vous aideront à évaluer correctement votre condition. Vous n'aurez qu'à suivre leurs conseils.

Cinquième règle

Si vous devez vous rendre à l'urgence, si possible, faites-vous accompagner. Même en situation idéale (et nous en sommes bien loin), la meilleure salle d'urgence nantie du meilleur personnel ne pourra assurer une supervision constante de tous ses patients. Alors imaginez-vous une salle d'urgence bondée avec un personnel réduit!

Une personne qui vous accompagne et reste près de vous peut alors faire toute la différence. C'est d'abord une question de sécurité bien sûr, mais aussi de confort. Si vous avez besoin d'un verre d'eau, d'un oreiller supplémentaire, de passer un coup de fil, votre accompagnateur pourra rendre votre séjour bien plus agréable que si vous aviez à attendre l'aide du personnel hospitalier, déjà débordé.

Sixième règle

Lorsqu'un traitement vous a été prescrit, astreignez-vous à le suivre à la lettre. Vous avez eu la chance d'obtenir un diagnostic précis et connaissez le traitement à suivre, le reste vous appartient. Autre avantage, votre collaboration à bien suivre votre traitement vous attirera les sympathies du corps médical dont les divers membres seront encore plus enclins à bien vous traiter. Un patient qui abandonne continuellement ses traitements ne s'aide pas vraiment…

TABLE DES MATIÈRES